ちくま新書

夫婦幻想

——子あり、子なし、子の成長後

奥田祥子
Okuda Shoko

1419

夫婦幻想——子あり、子なし、子の成長後【目次】

第3章　「恋人夫婦」の憂うつ　111

第4章　羽ばたく妻と立ちすくむ夫　159

はじめに

「妻は変わってしまった」「夫に絶望した」――。取材対象者の多くが口にした言葉からは、目の前の現実から目を背け、「幻想」の中だけにしか夫婦像を描けない男女の悲哀を感じずにはいられなかった。と同時に、苦悩し、憤りながら、それでもなお、夫婦にかけがえのない関係性を求め続ける人間の性《さが》に、私は幾度となく激しく心揺さぶられたのである。

古くは「家庭内離婚」「濡れ落ち葉」「くれない族」から、「熟年離婚」「卒婚」「鬼嫁」まで、夫婦をめぐる問題や現象、新たな形態などをまるでキャッチコピーのように面白おかしく表現した言葉は、いつの時代にも事欠かない。それほどまでに「夫婦」は常に耳目を集めてきたといえるだろう。大半がネガティブに捉えた概念でありながらも。

夫婦のかたち・関係性は、経済情勢や女性の社会進出、男性の育児参加意識の高まり、少子・高齢化といった時流に沿って、少しずつ変容してきているように見える。しかしながら、「夫は仕事」「妻は家庭」という明確な性別役割分業の時代から、男女がともに仕事と家庭を両立させる新たな時代へと進化しているという見方は、実はメディアなどを介して世の中に浸透している建て前上の、つまり社会が「こうあるべき」と求める表向きの理想の夫婦のかたちであって、実は現実の本音の部分では旧来の性規範や性別役割規範に囚われている男女が少なくないことが、長年取材を続けるなかで次々と明らかになってきた。それは夫婦の虚像を検証し、実像を掘り起こす作業でもあったのだ。

本書は、男女一人ひとりについて、最長で20年にわたって継続的に取材を重ねたルポルタージュである。長期間、何度も取材を繰り返し、インタビューデータを分析してテーマごとに類型化したうえでそれぞれ典型的な事例を紹介している。定点観測ルポであることに加え、掲載している3分の1は、同じ夫婦の妻と夫に個別に、または夫婦一緒にインタビューを続けてきた事例であることも特徴点だ。

例えば、取材開始時にともに20歳代の新婚で、2人で家事・育児を分担することに意欲を見せていたある夫婦は壮年となり、いつしか互いに仮面を被ることで関係を辛うじて維持させるようになってしまう。また、アラフォーの時に初めてインタビューしたある女性は、困難を経て結ばれた夫との間でやがて重大な事件を起こし、その後には意外な結末が待ち受けていた――。時の流れとともに取材対象者の夫婦のあり方や仕事、家庭に対して抱く意識や価値観も変容していく。取材している側が意表を突かれる衝撃的な出来事が、夫婦の間に突如として巻き起こることも少なくなかった。当事者である男女の人生に、葛藤や苦悩、不安に、ただひたすら時間をかけて寄り添うことで、夫婦の本質と実像により肉薄できたのではないかと考えている。

長期間に及ぶ取材が実現したのは、内容がいつ、どういったかたちで発表されるのか、決まっていないにもかかわらず、幾度となくインタビューに応じてくださった取材対象者の理解と厚意があったからにほかならない。これまで20年以上かけて、さまざまなテーマで継続してインタビューに協力してもらってきた方々は若年者から中高年層まで500人近くに上るが、本書の主題に関してだけでも取材対象者は優に100人を超える。この中には、当初は「夫婦」以外の別のテーマで取材を始めたケースも含まれている。

本書は全5章で構成され、第4章までは取材事例を中心に紹介しながら、夫婦を巡る問題の背景・要因を分析している。第1章「『活躍』妻と『イクメン』夫の冷戦」で、昨今の「女性活躍」推進の気運を追い風に仕事で能力を発揮したい妻と、育児参加への意識が高い夫との「両立」夫婦の本音をすくい上げ、第2章「大黒柱と内助の功という虚像」では、夫が仕事、妻が専業主婦で家事・育児を担う「役割分業」夫婦の実像に迫った。第3章「『恋人夫婦』の憂うつ」は、夫婦ともに働き、双方の合意のもとに子どもを持たない夫婦を追い、第4章「羽ばたく妻と立ちすくむ夫」では、人生100年時代の後半生の帰路に立つ夫婦の実相を探った。そして、最終章の第5章では、社会学的知見を交えて夫婦「幻想」を考察するとともに、夫婦のリストラクチュアリング（再構築）を図るための方策を示している。

「事実は小説より奇なり」――。新聞記者時代を含め、ジャーナリストとして、社会学研究者として、数多《あまた》の社会的課題、市井《しせい》を生きる人々を取材、調査してきて、そう思うことがますます増えている。だからこそ、奇なる事実のその先にある「真実」に近づくべく、また少しでも人々の並々ならぬ苦しみが軽減される一助になればと、今日も活動を続けている。

そうして、本書に登場するのも、どこにでもいる市井の人々である。事の善悪や成否などでは容易に測れない、複雑で深刻な問題にもだえ苦しみながらも、何とか活路を切り開こうと懸命に努めている等身大の男女を描いている。

夫婦「幻想」を超え、一条の光を見出すためのヒントとして、受け取っていただければ幸いである。

＊本文中の仮名での事例紹介部分については、プライバシー保護のため、一部、表現に配慮しました。

第1章 「活躍」妻と「イクメン」夫の冷戦

1 妻の出世で夫婦に亀裂

†「幻想」という呪縛

共働き世帯が専業主婦世帯を上回ってから20年余り。女性は家庭と仕事を両立させて当たり前という風潮が広まり、さらに2016年に施行された女性活躍推進法（女性の職業生活における活躍の推進に関する法律）を契機に、管理職に就いて能力を発揮する「活躍」妻が注目を集める時代を迎えている。一方、男性も家庭を顧みない仕事人間はネガティブなイメージで捉えられ、子育てに積極的に関わる「イクメン」が新たな夫像としてもてはやされている。

しかしながら、現実はどうなのか。家事・育児をこなしながら管理職に昇進し、世間が求める女性のライフスタイルを実現したかに見える女性の中には、夫との関係で苦悩を抱えているケースが少なくない。良き夫を目指すあまりに男のプライドとのジレンマに苛《さいな》まれている男性も多い。行く手には「マミートラック」や「パタニティ・ハラスメント」など、自力ではどうすることもできない厚い壁が立ちはだかる。

社会から期待された女性、男性になろうとすればするほど、最も身近で親密な関係であるはずの夫婦の溝が深まる。そして、自身の理想とかけ離れていく夫・妻の姿に絶望した揚げ句、「幻想」に陥り、その呪縛から抜け出せなくなってしまうのである。

なぜ、「幻想」の中にしか夫婦を描けなくなってしまうのか。本章では夫婦ともに仕事と家庭を両立させ、「活躍」妻と「イクメン」夫を目指す事例を通して考えてみたい。

†「生気を失った」夫に絶望

「結婚、出産後も仕事を辞めず、子育て、家事と両立させながら、管理職にまでなって……社会から求められている女性を目指して、これまで一生懸命に頑張り、欲しいものはすべて手に入れたつもりだったのに……実際には違ったんですね。課長になってからというもの、夫とは全く会話がありません。以前はあんなに前向きで仕事もデキて、生き生きとしていた夫だったのに、今ではすっかり変わって生気を失ってしまって……もう夫には絶望しました」

2017年、神奈川県の閑静な住宅街にある自宅で、当時43歳の佐野敦子《さのあつこ》さん（仮名）は苦渋の表情で思いの丈をぶつけ、嗚咽《おえつ》した。長年の取材で、彼女がここまで激しい感情を露にしたのは初めてだった。

この数年前から、もしかすると関係が思わしくないのかもしれないと感じるようになり、本人が自発的に語ってくれるのを待っていた状況ではあった。だがここまで深刻化し、苦悩しているとは思いもよらなかった。

そんな両親の不和を察したのか、小学生の子どもたち2人は、食事以外では自室にこもった切りで、話しかけても必要最低限の短い言葉しか返ってこないのだという。

佐野さんは、時代の潮流でもある「女性活躍」の模範ともいえるライフスタイルを実現した女性だ。

2013年に第2次安倍内閣が成長戦略のひとつに「女性が輝く日本」を掲げ、2016年には、従業員300人以上の企業など雇用主に女性管理職の数値目標などを盛り込んだ行動計画の策定と公表を義務づけた女性活躍推進法（女性の職業生活における活躍の推進に関する法律）が施行された（300人未満の雇用主は努力義務）。こうした流れを背景に、企業などの女性登用の動きは一気に加速している。行動計画は管理職登用に限定したものではないが、メディアを介して社会に浸透していく過程において、女性の管理職比率を増やすことが「女性活躍」政策であるとミスリードされていった面も否めない。その結果、「子育てと両立させながら働いて、さらに管理職に就く」という女性の生き方の規範を押しつけることにもなってしまったのである。

このような生き方の規範については、プレッシャーを感じたり、抵抗感を抱いたりする女性が少なくない。そんななか、佐野さんは自ら進んで「女性活躍」のライフスタイルを実現したのだ。

彼女は実は、もともと上昇志向が強かったわけではない。

†無理せず仕事も家庭も

東北出身で東京の難関私立大学を卒業後、メーカーに総合職として入社した佐野さんとの出会いは、2005年にまで遡る。当時、31歳で半年ほど前に結婚したばかりの彼女に、仕事と家庭の両立などこれからの人生をどう歩んでいきたいと考えているのか、インタビューしたのだ。

「今、『負け犬』か、『勝ち組』か、なんて、世の中で話題になっていますけれど、女の人生を勝ち負けに分けるなんて、ばかげていると思いませんか？　女性が結婚か仕事かの二択に迫られていた時代に逆戻りしたみたいじゃないですか。奥田さんとかの世代。あっ、いえ、すみません」

「全然、構いませんよ。気にしないで、率直な意見を話してくださいね。じゃあ、仕事も家庭も両方をこなしていきたい、と考えているのですか？」

「ええ、もちろんです。会社の両立支援策だって整いつつあるし、利用できる制度は社員の権利として使えばいいと思います。それに、夫も子どもができたら育児協力してくれると言ってくれていますし。別に目尻をつり上げて仕事も家庭も、と意気込む必要はないと思うんです。まあ、実際にそういう女性の先輩がいるから、そうはなりたくないなあ、って。私たち団塊の子ども世代は、受験も就職も競争相手が多くて厳しかったから、高望みしない、欲張らないくせがついてしまっているのかもしれません。仕事は続けるけれど、男の人と同じような働き方だと家庭と両立させていくのは難しいから、出世していくキャリアコースではなくて、肩の力を抜いて無理なく働いていくのがいいですね」

佐野さんは歯に衣着せぬ物言いで、自然体で明るく、率直な考えを述べてくれた。当時の取材ノートには、発言や表情などの記述のほかに、「気負いなく、いい」「これからの女性はしなやかで、強く！」などと、彼女の言動に対する私自身の思いが何か所か記されていた。自分よりも10歳近く年下の佐野さんのような女性が、新たな時代の女性のライフスタイルを実現してみせてくれるのではないか。期待のような感情を抱いたことを、昨日のことのように思い出す。

ちなみに、彼女の語りに登場した「負け犬」とは、2003年初版の書籍『負け犬の遠吠え』(酒井順子著)で描かれた、30歳代以上の未婚で子どものいない女性のことで、論争とともにブームを巻き起こした。「負け犬」のカウンターパートである、結婚していて子どものいる「勝ち組」(同著では「勝ち犬」と称されたが、論争・ブームでは多くで「勝ち組」が使われた)は、センセーショナルなメディア報道も相まって、経済的にゆとりある生活を送る専業主婦へと拡大解釈、誤読されて広がった。そして、女性の社会進出に逆行するかのように、専業主婦を志向する女性がじわじわと増えていることを当時、私は取材を通して実感していた。

このようなブームに惑わされることなく、佐野さんは仕事と家庭を両立させ、そして出産、子育てを経験していくのだ。

†夫の育児協力に一抹の不安

男児2人を出産し、それぞれ育児休業を取得して就業を継続した。管理部門から、入社時から希望していた広報に異動するなど、着実にキャリアを積み重ねていった。

当時、出産後に職場復帰した女性が出世とは縁遠いキャリアコースに固定されてしまうことを指す「マミートラック」という言葉はまだ登場していなかったが、現実問題として、育児との両立で仕事の量が減るのに伴って質も落ち、働くモチベーションが低下する女性は多く、それが離職要因にもなっていた。彼女の場合は、そうした状況に陥らないように、職場復帰から一定期間だけ残業を免除してもらいながらも、短時間勤務は希望せず、できるだけ周囲と同程度の仕事量をこなせるよう努力していたようだ。

そうして、それを実現できたのは、商社勤務の夫が保育園の送り迎えや家事の分担などを協力していたからで、夫への感謝の気持ちを幾度となく口にしていたのが印象的だった。

第2子を出産して数か月過ぎた2010年、東京都心にある職場近くの喫茶店で仕事帰りに取材に応じてくれた佐野さんは、仕事や育児の疲れを微塵《みじん》も見せることなく、はつらつとした表情だった。平日の終業後の時間を指定され、保育園の迎えなど子どもの世話に支障はないのか尋ねたのだが、残業時など帰宅が遅くなる時は、夫が子どもの面倒を見てくれているということだった。

「私も夫も地方出身なので、近くにいて育児を協力してくれる親、きょうだいはいません。だから、夫が子育てや家事を手伝ってくれていて、とても助かっているんです。それに、夫は有能で仕事でも次々と実績を上げていますし、尊敬しています。大学で同じゼミだったんですが、今は夫婦であり、同志のような関係でもあります。ただ、夫には職場のパワーゲームを勝ち進んでもらいたいと願っているので、育児協力が負担となって仕事に悪影響がないか、実は心配でもあるんです」

「でも、ご主人は自分から協力してくださっているようですし、仕事に支障が出ているとは、おっしゃっていないんですよね」

「そうですね。時々尋ねても、『大丈夫だよ』って言ってくれます。私の取り越し苦労だといいんですけど……」

この時、佐野さんが抱いていた一抹の不安がやがて、現実のものとなることを取材者である私はもとより、彼女自身も予測していなかったのではないだろうか。

†キャリア志向への転換

子ども2人を育てながら、懸命に働き、一定の成果を上げてきた経験は、佐野さん自身に仕事での自信をもたらし、もとは望んでいなかった管理職昇進というキャリアアップへの興味が徐々に芽生えていったようだった。

2014年の取材では、こんな複雑な心情を語ってくれた。

「会社では、女性を管理職に積極的に引き上げていこうという気運が高まってきているんです。直属の上司は、私が子育てしながらも、特段の配慮をお願いすることなく、他の社員と同じように仕事に取り組もうと努力していることを評価してくれて、『いずれ課長に昇進させるから、心づもりをしておくように』と言われているんです。正直、うれしかったです。それだけ、自分の働きが認められているということですから。ただ、その……」

「どうしましたか？　何か悩んでいることでもあるんですか？」

「……ええ。課長に昇進すると、責任も重くなるわけで、もちろん、それだけ労働時間も長くなります。私の会社には、子どもがいて課長以上の管理職に就いている女性はいないですし、家庭との両立がこれまでのようにできるのかと、不安が大きいんです。まだ下の子どもは5歳ですし……。まあ、そうしたことは前から予測できたことで、それでもやはり指導的なポジションに就いて、自分の能力を発揮してみたい、という思いが今上回っていることは確かです。でも……夫もちょうど私と同様に課長昇進がかかった大事な時期ですし、これ以上、夫に育児協力で負担をかけるのもよくないし……。堂々巡りで、どうしたらいいのかわからずに困っているんです」

「一度、ご主人に相談されてみてはいかがですか？」

「そうですね。そうしたいと思ってはいるんですが……なかなか話せる時がなくて……」

家事、育児を協力し合い、また仕事では互いに刺激し合いながら、ともに頑張ってきた夫婦の間に、すきま風が吹き始めているのではないか。ふとそう感じつつも、杞憂《きゆう》であってほしいと願ったものだ。

†「夫には出世してほしかった」

そうして、冒頭で紹介した、「欲しいものはすべて手に入れたつもりが、違った」「夫に絶望した」という心情の吐露《とろ》につながるのだ。

2014年の取材から、次に面会を承諾してくれるまでに3年もの歳月が流れる。長年インタビューに協力してもらってきたなかで、佐野さんとこれだけ期間が空いたことはそれまでなかった。彼女は前回の取材から2年後の2016年、課長ポストを手にしていた。2017年、彼女は悔しさや苦しみ、怒りなどネガティブな感情を惜しみなく表出した。

佐野さんの興奮が鎮まるのを待って、質問を再開する。

「どうして、ご主人と会話がなくなってしまったのでしょうか？『夫に絶望した』というのは衝撃的な言葉ですが、なぜ、そう感じられたのか、もう少し詳しく教えてもらえますか？」

彼女は戸惑う様子もなく、この時を待っていた、と言わんばかりの表情で、いったん目を閉じて呼吸を整えたかと思うと、一瞬、天を仰ぎ見るような身振りを見せた。そして、こう一言ひと言紡ぎ出すように、語り出した。

「夫には、出世してほしかった。子育てを手伝ってくれるのはありがたかったですが、それよりも仕事で頑張って、競争を勝ち抜いてもらいたかったんです。でも……私が課長になってからどんどん覇気がなくなり、半年後には昇進するどころか、子会社に出向させられてしまった。その人事も出向して1か月近く経ってから知って……。悔しかったし、腹立たしかったです。あれだけ仕事を頑張っていた人だから、どれだけつらかったかは想像できます。だからといって……私にまで黙っているなんて……。夫に尋ねると、うつむいたまま、無表情で『そういうことだから……』と小さくつぶやいただけでした……」

それから半年近く、夫とはほとんど口を利いていないという。

「ご主人はなぜ、子会社への出向を黙っていたのだと思いますか？」

「そう、ですね……。やはり、私が管理職に昇進したことが……やるせなかったのではないでしょうか。それに追い打ちをかけるように、今度は自分が左遷のようなかたちになってしまって……。ひと言打ち明けてくれれば、と思いましたが、正直、私も課長になってからストレスが大きく、家庭では子どものことで精一杯で、夫のことまで気にする余裕がありませんでした」

「これから、そのー、ご主人とはどうされたいと考えていますか？」

酷な質問ということはわかりながら、敢えて尋ねてみた。

「このままでは家族が崩れてしまいますし、まず夫婦関係を改善しなくてはならないと思っています。でも、どうすればいいのか……」

そう、彼女は弱々しい声で答えた。

†夫婦間「勝ち」「負け」という悲劇

2019年、45歳になった佐野さんは課長として主要プロジェクトを任されるなど、ますます仕事で能力を開花させている。一方、夫は1年余り前に子会社から会社本体に戻り、関西の支社に赴任した。

単身赴任中の夫の自宅を片づけに来たという彼女と、大阪市内で面会した。明るく穏やかな表情に戻っていて、挨拶も早々、ほっとした気分になった。

「その後、ご主人とはいかがですか?」

単刀直入に質問してみた。

「この2年の間に少しずつではありますが、改善に向かっていると思います。互いにそう努力しているつもりです。子どもたちも中学生と小学校高学年になって、両親の間に入って旅行を計画してくれたりして、気苦労かけて申し訳ない気持ちでいっぱいですが、いつの間にか大人になっていたのだと、夫と一緒に感心しているんですよ」

「それは、よかったですね。ご主人とは今、よく話されているんですか?」

「ええ、単身赴任で夫と物理的な距離ができ、互いに至らなかった点をじっくりと反省したり、相手にあの時、こうしてほしかったたという点を整理したりすることができたのもよかったのではないかと思っています。そして、会った時にはそれぞれの思いを包み隠さず吐き出すことが重要ですね。前は冷戦状態でしたから。今はＬＩＮＥ（ライン）とか便利なコミュニケーション・ツールがあるから、夫婦の間でもうっかりしていると面と向かって会話することを省きがちで、それではいけないと気づきました」

「じゃあ、もう以前の仲の良かった関係に戻ったということですね？」

「うーん、それは、どうでしょう……。しこりが全く無くなったかというと、そうではないですね。特に仕事面では、夫は私が課長になったことに、本人の言葉だと『負い目』のようなものを感じていたと言っていましたし……実際には育児の疲れで、仕事に集中できなかったこともあったようなんです。今も私が課長、彼はまだ平社員で、いつ課長になれるかもわかりませんから。ただ、出向して悔しい思いをしたのは間違いないですが、必死に頑張って本体に戻って来た夫です。これからも応援していきたいと思っています」

改めて、夫婦の間に亀裂が生じた要因は何だったのか、問うてみた。

「カチ、マケ……」

「えっ？　どういうことでしょうか？」

「女性にも管理職になって活躍するチャンスが与えられる時代になって……夫婦の間にまで『勝ち』『負け』が起こり兼ねない状況になったのではないかと。奥田さん、覚えていますか？　最初に取材を受けた時、私は女性を『負け組』と『勝ち組』に分けるなんてナンセンスだと答えた。夫婦にも勝敗なんてあってはいけない。それって悲劇ですよね。でも妻が正社員で働いていたら、どの家庭でも起こり得ることなんじゃないでしょうか。男の面子《メンツ》とでもいうのか、妻に『負ける』のは受け入れられない人は多いと思います。私だって一時期、自分が管理職にならなかったら、夫との関係が壊れなかったんじゃないか、と自分を責めた時もありました。実際に仕事の地位で妻が夫より上になった場合、うまく関係を維持するにはどうすればいいのか……まだ答えは見つからないですが……」

　女性としての自身の生き方についてはどうか。

「仕事と家庭の両立、さらに管理職になること……社会が求める『活躍』女性を実現することがイコール幸せ、というわけではないんだと思えるようになって、気が楽になりました。すべて完璧にこなすことなんて無理ですし、例え一時《いっとき》、そうできたとしても、家族、特に夫との関係が良くなければ、いずれ仕事だってうまくいかなくなる。どれも頑張り過ぎず、でもどんなに小さくてもいいからやりがいを見つけて、それで……そんな自分を自分で認められるよう、努力していきたいと思っています」
戸惑い、試行錯誤しながらも、佐野さんは今も着実に歩を進めている。

2　男のプライドと育児のジレンマ

†「産まない性」のつらさ

育児に積極的に関わりたいと思いながらも叶わず、理想の父親像を具現化できずに苦しむ男性は多い。そうした苦悩に拍車をかけているのが、妻との関係性や男としてのプライドである。

長谷川《はせがわ》伸一《しんいち》さん（仮名）とは、まだ「イクメン」という言葉・概念が登場する以前の2006年、関東のある自治体が主催した、乳幼児の子どもを持つ男性対象の「父親講座」の取材を通して出会った。

幼い子どものいる父親同士が定期的に集まり、交流を深めるグループを私自身が「パパサークル」と名づけて取材するなど、育児に関心を持つ男性たちを追って1年ほど経った頃だったが、長谷川さんはそれまで接してきた父親たちとは少し雰囲気を異にしていた。休憩時間も他の受講生と積極的に会話したりすることはなく、独り講座テキストや持参した育児関連の書籍を読んでいるような寡黙《かもく》なタイプだった。

インタビューを申し込んでも断られるかと思ったが、計6回の連続講座の最終回終了後、足早に会場を後にしようとする彼を後ろから呼び止め、趣旨を説明すると、意外にも快く応じてくれた。会場内の喫茶スペースで話を聞くことにした。

「もう不安で、不安で、たまらない、んです。父親、として……」

ゆっくりとしたペースながら、思いのほか感情を表出し、はっきりとした口調で語った長谷川さんのその言葉が、いまだ脳裏に鮮明に焼き付いている。

「不安、というのはどういうことに対してなのでしょうか?」

「……」

「例えば、仕事が忙しくて、お子さんと一緒に過ごせる時間が短いなど……」

「まあ、そういうこともあるにはありますが、それ以上に……父親が、いったい何なのか、よくわからないんです……」

「もう少し具体的に話してもらうことはできますか?」

「……つまり、そのー……、僕は産んで、いませんから……」

「えっ?」

「妻の、お腹の中から産まれてきた、わけで……それまで10か月もの間、彼女の身体《からだ》の中で育った。もちろん、本当に自分の子どもなのか、などと疑っているわけではありません。ただ……母親との密接な関わりに比べると、父親の自分は、どこか疎外されているような気持ちになってしまって……。誰にも相談できませんから、娘が産まれる前から育児に関する本を片っ端から読みあさって……でも、それでも不安が治まらずに、今回の父親講座を受けることにしたんです」

当時29歳の長谷川さんはそう、「産まない性」としての父親のつらさを打ち明けてくれた。悩みは深いようだったが、それはわが子の子育てに真剣に向き合おうとしている証しでもある。そんな彼の真面目な姿勢が印象的だった。

ただ、ひとつだけ気がかりなことがあった。男性が身近な家族にも自身の苦しみを相談しにくい性向であることを考慮したうえでも、そこまで思い煩っているのなら、妻に少しは明かしてもいいのではないか、という点だった。同じ流通業の会社に総合職として勤める、長谷川さんの2歳年下の妻は育児休業中で、半年後に職場復帰予定という。

「あのー、奥さんにはその悩みは話されたことはないのでしょうか?」

「……」。必死につらい心情を語り続けてくれた彼が沈黙した。まるで自分の心を見透かされるのを避けるかのように目を逸らし、しばらく視線をテーブル上で浮遊させる。そしてこうぼっそりとつぶやいた。

「妻に言っても、わかりっこない、です」

もしかすると、ちょっとした夫婦のすれ違いが父親としての苦悩を増幅させる一因になっているのかもしれないと思った。が、すでに妻との間に抱えていた問題は想像以上に深刻で、後に彼を窮地に追い込むことになろうとは思いもよらなかった。

†「イクメン」はプレッシャー

その後も定期的に会って取材を続ける過程で、社会では育児に積極的に関わる父親たちをもてはやす風潮が徐々に高まっていく。2007年度には厚生労働省が地域での父親サークルの育成などを支援する父親の育児参加推進事業を実施し、2010年度には「イクメンプロジェクト」が発足した。育児にいそしむ男性たちに、「イケメン」を一文字入れ替えた「イクメン」という名称が付与され、言葉・概念が浸透し始めるのもこの頃である。

この間も、長谷川さんは父親としての苦悩と格闘しながら、一人娘の子育てに自ら進んで関わっていた。

2011年のインタビューで、33歳の彼は初めて、妻への不満を具体的に明らかにした。

「妻が、すっかり変わってしまったんです。入社して10年にもなると、任される仕事の質も変わって……つまり責任の度合いがどんどん重くなり、さらに仕事に関わる時間が長くなっていきます。娘の保育園の送り迎えなど娘の世話はできる限り行っていますが、やはり前に比べると、かなり難しいんです。それなのに、妻は……。僕に感謝してくれるどころか、『私ばかりに任せないで、もっと○○（長女の名）の世話を手伝ってよ。私だって仕事が忙しいんだから』と、僕への愚痴や批判ばかりで……。妻もキャリア志向が強いから、仕事と家庭、特に子育てを両立させていくのは大変なのはわかっているつもりです。夫婦互いにそれぞれの状況を理解し合っていくべきなのに……」

「以前にも伺いましたが、奥さんとは今も、そんな悩みを話す機会はないのですか？」

「僕は、話したいですが……妻のヒステリックな表情を見ていると、話しかける気にはなれません……」

そう言うと、彼はうなだれた。

今世間で話題になっている「イクメン」について、どう捉えているのか。妻との関係で懊悩《おうのう》している様子を目の当たりにし、少し視点を変えた質問をしてみた。

「プレッシャーでしかないですね」。即答だった。

「具体的に、どういうことなのでしょうか？」

「『イクメン』なんて、本当に存在するんでしょうか？　だって、男がしっかりと仕事をしていたら、育児に関わりたくても、思ったようには実現できないのが、現実じゃないかと思うんです。そういう僕も、妻からは『イクメン』になることを求められているし、職場からは逆に『イクメン』と見なされていて……悔しいですが、それはつまり、冷やかされているということなんですよ」

†職場のパタニティ・ハラスメント

「イクメン」で「冷やかされている」とはショッキングな発言だった。さらに突っ込んで質問してみると、彼は社会の潮流に逆らう職場の実情を明かしてくれた。

「会社は育児をする男性社員には全く理解がない、ということです。女性には配慮して寛容ですが、男性にはとても厳しいですよ。ある程度は予測していたので、娘を保育園に迎えにいくために通常の勤務時間を切り上げることまではしていないですよ。でも、例えば、子育てのために以前のようにサービス残業はしなくなった。もうこれだけで、〝脱落〟です。そこまで大変とは想定外でした。さすがに会社も正面切ってダメだとは言いませんが、帰る時の職場のみんなの表情を見れば一目瞭然《りょうぜん》です。『イクメンなんてしやがって』と心の中でなじられているのを感じますから……」

今では、育児のために休暇や時短勤務などを希望する男性社員への嫌がらせ行為は「パタニティ・ハラスメント（パタハラ）」と呼ばれ、日本労働組合総連合会（連合）が実態調査に乗り出すなどようやく問題視されるようになった（育児休業などの制度を利用しにくい職場環境そのものまで概念を広げる場合もある）。堂々と「パタハラ」を問題視できる職場は現在でも少数派といえるが、当時は男性社員が育児のために労働時間を減らすことへの理解が格段に乏しく、長谷川さんのようにただ泣き寝入りするしかない状況だったのだ。

こうした苦境のなか、仕事への集中力を欠くことが増え、思うように実績を上げられなくなっていったのだという。

「家庭でも職場でも、認めてもらえていないようで……本当につらい、です。せめて妻だけでもわかってもらいたいから……職場での嫌なことは黙って、子育てを精一杯、頑張ってきたつもりなんですが……ダメ、ですね」

八方塞がりの状態で、彼は次第に職業人としても、夫・父親としても、モチベーションを低下させていく。

†男も「三重苦」に陥っている

そうして、「女性活躍」推進が声高に叫ばれる時代を迎え、長谷川さん夫婦の関係はさらに深刻化していくことになるのだ。

2013年頃から、長谷川さん夫妻が務める会社でも、女性社員の管理職登用を積極的に推し進めていこうという気運が高まる。妻はそれまで在籍していた管理部門から営業部門へと異動になり、指導的地位に就くためのキャリアコースを歩んでいくことになった。2015年には同期の女性で初めて、課長候補ポストともいえる課長補佐に抜擢《ばってき》されたという。このポストは不況期に削減されたものだったが、女性社員のマネージメント能力を育成するためのポジションとして一部の部署に新設されたものらしい。

この間も何度か会って話を聞いていたのだが、仕事で能力を発揮していく妻と比較し、昇進への意欲が低下していく自身を卑下するような発言が、時を経るごとに目立っていく。と同時に、母・妻として、働く女性として、さらに管理職として、幾重ものプレッシャーを感じているであろう妻を思いやる言葉を聞くこともなくなった。

2016年、取材に応じてくれた長谷川さんは、仕事帰りとはいえ、かなり疲れ切った様子だった。妻の昇進の報告はメールのみで、会って話を聞くのは2年ぶりだったが、この間に急速に白髪が増え、まるで10年近く時を経たような錯覚さえ覚えたほどだった。

「奥さんが課長補佐職に就かれたようですが、その後、子育てを含めて変化はありますか?」

「まあー、そのー……。あっ、すみません。今日ここに来る前に頭を整理してきたつもりなんですが……」

「無理しなくて、いいですよ。話せることから、少しずつ教えてもらえれば……」

「ええ、まず……僕の役目が増えた、ということかと思います」

「役目が増えた、とはどういうことですか?」

「それまでもあった、しっかりと仕事をしてお金を稼ぐことと、子育てに積極的に関わること──に加えて、仕事で活躍する妻を理解して応援する夫、とでもいったらいいのか……まあ、そんな役目です」

「そのことによって、どう変わりましたか？」

「僕にとっては、『三重苦』ですね。働きながら育児を分担するだけでもいっぱい、いっぱいで、妻のように出世なんてできないし、かといってばっちりお父さんをやって、妻を応援できているわけでもない。僕みたいな小さな器ではオーバーフローして到底無理なんです。男のプライドなんて、丸つぶれですよ！　これまで仕事で活躍する機会が与えられてこなかった女性が、仕事と家庭を両立させたうえでさらに要職に就く、というのは確かに大変なことだと思います。でも、男性だって苦しいんです。あまり好きな言葉ではありませんが、『仕事がデキる男』と『イクメンの父』、そして『デキる妻を支える良き夫』まで担うなんて……」

自虐的だったのが気になった。たとえ彼をさらに苦しめようとも、事実を把握するために、夫婦関係について詳しく尋ねるほかない。

「奥さんとの関係はいかがですか？」

「う〜ん……彼女が口にするのはいつも愚痴、僕はつらいことについては何も打ち明けられない、というのは変わっていません。最近では課長補佐になって、課長ポストがもうそこまで見えてきたせいか、僕に今度は育児よりも、仕事のことで要求してくるようになって……。表面的には僕に近況を尋ねているように見せて、誰々が課長になったとか織り交ぜて、実際には僕がまだ課長に昇進していないことにやきもきしているんですよ。まあ、気遣っているというより、批判しているという感じですね。同じ会社だから、余計しんどいです。妻に言われなくても、僕が一番気に病んでいる、というのに……」

「男」と向き合うしかない

現在、長谷川さんは危惧していた課長ポストを獲得し、ひと足先に同じく課長に昇進した妻とともに、小学6年生になった娘の子育て、教育と家事を協力し合っている。この13年間にわたる取材期間で、妻との関係性においては最も順調な時期を今、迎えているのかもしれない。

改めて2019年、42歳になった長谷川さんに夫婦関係や仕事、育児について聞いた。

「僕が同期には遅れながらも辛うじて課長になれたことで、少しずつ夫婦のバランスを取り戻せた気がしているんです。夫婦ともに管理職に就いていてさらに忙しくなって、子育てを分担するのが大変なのに変わりありませんが、以前は理解できなかった妻の課長として、母として、そして妻としての立場が少しはわかるようになりました。今妻も同じように、僕のことを理解してくれていると信じています。そう思えるようになったのは、互いに努力して歩み寄り、自分の悩みを打ち明け、相手のつらさを受け止めるように変わったのが大きいと思います。それが、妻からは遅れた僕の昇進がきっかけというのは、ちょっと複雑ではありますが……」

「ご自身の昇進まで待たなければならなかったのはなぜ、だとお考えですか?」

「男として仕事で結果を残す、つまり出世する、ということがないと、結局、『イクメン』にも、『良き夫』にもなれないんじゃないかと……。だから、もし僕が課長になれないまま、だったら夫婦関係はどうなっていたか、想像するのが怖いぐらいです。そんな古臭い『男らしさ』には縛られたくないとは思いますけれど、やっぱりどうしてもそこに立ち返ってしまうんですね。それに、自分が解放されたと思っていても、現に妻が、社会が、求めてくる。これからだって、出世で前を走っている妻との差がどんどん広がっていくかもしれないと思うと不安だし、逆にだから頑張らないと、と自身を奮い立たせている面もあるんです。『男』の呪縛と向き合っていくしかない。そう心に決めています」

男として、また父、夫として、悩みは尽きない。だが、長谷川さんはそう言い切った。

3　妻も夫も両立の壁

†「ワーク・ライフ・バランス」目指す夫婦

ともに協力し、仕事と家庭の両立という理想を実現しようと努める過程において、両立のための制度を利用しにくい職場環境や「マミートラック」など数々の困難に直面するうちに、夫婦が互いに悩みを打ち明けられないまま、心を閉ざしてしまうケースも少なくない。

岡村《おかむら》まゆみさん、剛《つよし》さん（仮名）夫妻に出会ったのは２００８年。東京都内で平日開かれた、内閣府の研究所主催のワーク・ライフ・バランス（仕事と生活の調和）をテーマにしたシンポジウムだった。私も演者・パネリストとして参加していたのだが、当時は前年に経済界と労働界、地方公共団体の代表らからなる「官民トップ会議」による「ワーク・ライフ・バランス憲章」が策定されたばかり。やりがいを抱いて働き、仕事の責務を果たす一方、子育てなど家庭や地域、自己啓発の時間を持ち、健康で豊かな生活を送る――といった憲章に記されたワーク・ライフ・バランスの概念自体、まだ社会にはそれほど浸透していなかった。このため、来場者は企業の労務担当者や自治体関係者、研究者らが大半だったのだが、一般から、それも夫婦で参加していたのが岡村さんたちだったのだ。

シンポジウム終了後、壇上から降りて関係者に挨拶《あいさつ》をしていると、夫の剛さん(当時24歳)がこう話しかけてくれた。

「仕事と家庭をどう両立していけばいいか、わからなかったのですが、まずは自分たちの気持ちが大事なんじゃないかと思えて、とても勉強になりました」

4歳年上の妻、まゆみさんと3か月前に結婚した愛知県に住む新婚夫婦で、流通業の会社に総合職として勤める妻は日曜出勤のためにこの日仕事は休みだったが、メーカー勤務の剛さんは有給休暇を取ってまでシンポジウムに参加したという。当時は企業の多くが両立支援策に力を入れ始めたばかりの頃で、女性が仕事と子育てを両立させていくことは今よりもはるかに難しかった。だが、まゆみさんはやや控えめながら「出産後も仕事を続けたい」と言い、剛さんは「子育てに関わるのが楽しみ」と育児参加に意欲を見せた。それぞれ表現の仕方は違えども、2人ともワーク・ライフ・バランスへの意識が高いことが伺え、ただ単に仕事と生活の調和を図っていくというだけでなく、仕事も、家庭を含めた生活も、中身を充実させたいという熱意が伝わってきた。

岡村さん夫妻のようなカップルが増えていけば、日本でのワーク・ライフ・バランスの実現もそう遠くないのではないか。そう思わせてくれるような夫婦だった。この時は10数分の立ち話だったが、後日正式に取材を申し込み、2週間後の週末に夫妻のもとを訪れた。

†職場に憤る夫、不安な妻

自宅最寄駅前のショッピングセンター内のカフェで、肩を寄せ合うように座った岡村さん夫妻は20歳代で子どももいないせいか、まるで恋人同士のようだった。カフェでの注文などきめ細かな気遣いがありつつ、発言などでは常に夫を立てて、おっとりした雰囲気のまゆみさんと、まだ社会人2年目で少年のような茶目っ気を残しながらも、臆することなくはっきりと自分の意見を言い切る剛さんは、対照的な性格を互いにカバーし合っていて、バランスの取れた夫婦に見えた。

「今ようやく、ワーク・ライフ・バランスという言葉・概念を広めようと国も動き出しましたが、ご夫婦は職場などでの取り組みをどう捉えていますか？」

「全然、ダメですね」

間髪容れずに口火を切ったのは、剛さんだった。

「会社なんて、仕事が100%で、家庭とか自分のための時間というのは残業もしっかりし終えてから、余裕があったら勝手にどうぞ、って感じですよ。だから僕は腹が立っている。そんなのじゃダメだ、って、上司とか先輩にも言っているんですけどね。言えば言うほど、煙たがられている、っていうのが正直なところ、っすかね。はっ、は、は、は……」

笑い飛ばしたものの、剛さんの目は笑っていなかった。そして、それ以上に気になったのが、隣のまゆみさんが剛さんを見やる心配そうな表情だった。

「今のご主人の発言で、何か気がかりなところがあるのですか？」

「……」

「どうしたの？　何でもいいから、言ってみてよ」と剛さんが妻に発話を促す。

「あ、あのー……夫が思ったことを包み隠さずに職場で言い過ぎるから……周りから疎《うと》まれて、仕事がしにくくならないかと、心配なんです。せっかく正社員で入社できて、まだ新人なのに……」

「そんなの大丈夫だよ。心配してくれているのは、ありがたいけどさ。それに、せっかく正社員で入社できて、新人、っての、もうやめてよね。はっ、はっ」

「あっ、ごめん、ね。つい……」

「奥田さん、気にしないでくださいね。奥さんが入社した頃は、まだ就職氷河期、ってやつだったから、正社員でそこそこの会社に入社できたことを感謝しないと、って口癖のように言うんですよね。けど、僕の時代はもう氷河期じゃなかったから、いくつか内定をもらった会社の中から自分で選んで入ってやった。だから、言いたいことは言いたいんですよ。別に仕事の手を抜いているわけじゃなくて、残業もしてしっかりと頑張っているし、家庭とかプライベートも充実させたい。その権利が働く者にはあるし、会社も認めるべきだと思っているんです」

互いに異なる面を補完し合っているお似合いのカップルと思っていたものの、この時点で、就職時期の景気動向の違いなど、夫婦の間に存在する世代間ギャップのようなものを感じた。

剛さんは、ワーク・ライフ・バランスへの会社の理解が不十分なために、自分自身で仕事と家庭を両立させていくための方法を導き出そうと、本を読んで勉強したり、先のシンポジウムや地元での勉強会に参加したりしているという。一方、まゆみさんは職場での現状をどう受け止めているのか、尋ねてみた。

「制度面でいいますと……育児休業法は十数年前にできているし、会社の制度も今は整いつつあります。でも……実際に育休の制度を利用して、出産後も仕事を続けている人がうちの会社にはほとんどいない。それは、制度はあっても実際には仕事と家庭を両立させる環境が整っていないということですから……。だから……育休を取ったら、もう以前と同じような仕事には戻れず、能力を発揮するチャンスをもらえないのではないかと……正直、とても不安、なんです。せっかく、就職が厳しい時期に総合職で入社させてもらったので、子育てと両立させて仕事で実績を上げていきたいという強い思いはあるのですが……」

岡村さん夫妻がワーク・ライフ・バランスへの意識が高い背景には、上司や同僚の理解が不十分なことや、制度はあっても利用しにくい環境という、職場が抱える問題への不安や怒りがあるようだった。

†苦しむ妻の傍に夫は不在

まゆみさんはその後、31歳で男子を出産し、約1年間の育児休業を取得後、職場に復帰した。2012年、子育てとの両立が始まってから数か月後、仕事が休みの平日に自宅を訪ね、職場復帰後の近況などについて話を聞いた。夫婦一緒での取材を希望したが、都合がつかないということで、この時は彼女だけへのインタビューとなった。

もともと大人しい性格で、自分の気持ちをあまり表出することのない彼女が、この時は隣のベビーチェアに座るわが子をあやしながら穏やかで優しい眼差しを送る一方、仕事の話になるとうつむき加減でそれまで見せたことのない苦渋の表情を露にしたのが、鮮烈に記憶に残っている。

「まだ仕事に復帰してから半年過ぎたぐらいなので……はっきりとどうか、というのは言いにくいのですが……」

「もちろん、何となく感じていることなど、何でも結構ですよ。例えば、育休前と職場復帰後の仕事の違いなど……」

「……」

「職場復帰後の仕事の違い」という質問の言葉に、まゆみさんの頬がやや引きつったように見えた。

「あっ、いえ……すみません……」

そう発した後、彼女は押し黙ってしまう。今、つらい状況にあることは表情からある程度、推測できた。これ以上、突っ込んで聞くことは、余計に彼女を苦しめることになるかもしれない。ただ、取材に応じてくれたということは、彼女自身、何か打ち明けたいことがあるからではないのか。会話がないまま、5、6分は時間が流れただろうか。取材者として次の言葉を見つけることができず、考えあぐねていた、その時だった。

「わたしは、何かの、役に、立っているん、でしょうか……」

消え入るような声で、まゆみさんは話し始めた。

「せっかく総合職の仕事を得たのですから……出産後も辞めずに、子育てと両立させながら仕事を頑張って、と思って育休制度も利用させてもらってから復帰したんですが……。以前任せてもらっていた仕事は後輩の担当に変わっていますし、私は……ただ、職場にいるだけ、というか……。誰にも、認めてもらえていないんじゃないか、と……」

まゆみさんが出産する数年前に漏らしていた不安は、的中してしまったのかもしれない。彼女によると、育休取得前後で同じ部署ながら、職務内容が「質の低いもの」に変わり、働くモチベーションが低下してしまっているようだった。

「でも、ご主人が子育てにも協力されて、まゆみさんの仕事にもご理解があるから、いいですよね」

「……まあ、そのー、夫もだんだん仕事が忙しくなってきていますから……」

少しは気持ちを明るくしてもらおうと、夫の話をしたのだが、彼女は淡々とした表情でそう話し、夫のことについては言葉を濁してしまった。

そもそも、仕事と家庭の両立をともに目指す夫婦として始まったインタビューだったが、ここに来て、妻が出産後の就業継続で思い煩うシーンに夫の存在が全く見えてこない。夫婦の関係に何か変化が生じているのではないか。取材者として、疑念のようなものが芽生え始めた。

†「妻のことがわからない……」

すぐに夫の剛さんにも取材を申し込んだのだが、実現したのは翌年の2013年だった。この時も夫婦一緒でのインタビューは叶わなかった。職場近くの喫茶店で面会した剛さんは、前年にまゆみさんが取材を受けていたことも知らなかったようで、子育ての協力を含めた夫婦関係について尋ねると、複雑な心境をこう明かしてくれた。

「恥ずかしいんですが……妻のことが、よくわからないんです。妻が何を考えていて、どうしたいのか、僕にはどうしてもらいたいのか……。育休から仕事に復帰して、出産前とは勝手が違うんだろうと何となく想像はしていますが、言ってくれないとわからない。もともと奥さんは口下手ですけれど、前はそれでも心は通じ合っていたと思うんです……。それに僕だって、30歳近くになってくれば、だんだん仕事は忙しくなるし、以前のように家庭とか私生活が大事だから残業を減らすべきだ、なんて上司に正論を吐けなくなった。子育てももっと協力したいけど、今はせいぜい、週に1、2回、出勤前に保育園に預けにいく程度かな。そりゃ、子育てを楽しみたいけど、現状では全く無理ですね」

妻のまゆみさんと同様に、夫の剛さんも、仕事と家庭の両立という壁にぶちあたっているようだった。そして何よりも、本来は夫婦ともに力を合わせて困難を乗り越えていくべき大切な時期に、岡村さん夫妻が意思疎通を図れていない状況が、夫婦双方への取材から浮き彫りになってきたことが憂慮された。

その後もまゆみさんへの取材は断られ続け、剛さんからのみ話を聞く状況が数年続いた。彼によると、依然としてまゆみさんは子育てをしながら仕事を続けることに苦悩を抱えているようで、夫婦の会話も十分にできていないことは変わらなかった。取材で変化が見られたのは、剛さんのほうだった。２０１７年のインタビューでは、30歳代前半になり、なおいっそう仕事が多忙を極めているはずの彼から、仕事の話は一切せず、するのは夫婦関係と6歳の一人息子の話ばかりだった。

「僕のほうから妻に歩み寄らないといけないと思って、2、3年前から話しかけてコミュニケーションを図るように努力したんです。それに、やっぱり奥田さんに出会った頃の初心に帰る、じゃないけど……子育てにもしっかり関わらないといけないと思いまして。仕事は待たせてもいいけど、息子の成長は待ってくれませんからね。だから、今では、ほぼ等分に育児を分担している状態です。すごいでしょ。褒《ほ》めてくださいよ！　あっ、はっ、は、は……」

以前から表情豊かで明るく、思ったことをはっきりと口にしたが、それにしても口ぶりも身振りもオーバーで、少し芝居がかったような気もして、違和感を覚えた。

「現在の奥さんの様子はいかがですか？」

「僕が少しずつでも子育てを手伝う時間を長くして、妻の負担を軽くしてきたお陰で、少しは気が楽になって仕事に取り組めているんじゃないでしょうか、ね。うん、たぶん、そう、だと思いますよ」

「実際に、まゆみさんもそう、おっしゃっているのですか？」

「あっ、まあー……そうですねえ。彼女はほら、口下手、だから……」

そう言って、剛さんは視線を逸らした。

†マミートラックでも「がっかりさせたくない」

岡村さん夫婦の現状を知るうえで、頼みの綱だった剛さんへの取材からも、本心にたどり着けていないというもどかしさを抱くようになり、2年近くの時が流れた。そして、まゆみさんからの突然の連絡をきっかけに、11年ぶりに夫婦そろっての取材が実現することになったのだ。

「長い間、お会いすることもできずにすみませんでした。時間はかかりましたが、少しずつ夫婦互いに悩みやつらいことを話し合えるようになって、やっと関係改善に向けて前進し始めたので……まずは私から奥田さんにお話ししないといけないと思いまして……」

2019年、愛知県内の自宅で話し始めたまゆみさんに、隣に座る剛さんが優しい眼差しを送る。

「育休から職場復帰後、能力を発揮して活躍していくコースから外されたようで、自分の価値がないようで、働く意味さえわからなくなって、とてもつらくて……。今だと『マミートラック』に乗ってしまったとでもいうんでしょうか。でも、一番身近な夫にも、なぜかその悩みを打ち明け、相談することができなくて……」

「なぜ、ご主人に苦しい胸の内を話せなかったのだと思いますか？」

「たぶん……私が子育てをしながら働くことを応援してくれている夫には、仕事で頑張っていると思っていてもらいたかった。実際には働く意欲すら失ってしまっていることを知らせて、がっかりさせたくなかったというか……。夫には心配かけて、悪かったと思っています」

少し感情が昂ぶったためなのか、まゆみさんはやや目を伏せて口元にハンカチを当てた。

†「仮面イクメン」で存在証明

そんな妻の背中に軽く手を当て、剛さんが言葉を継いだ。

「妻は僕のことを気遣ってくれていたのに、僕はそんな彼女の気持ちをわかろうともしなかった。悪かったのは、僕のほうですよ。それに……あっ、そのー」

「ほかにも何かあるのですか？」

「……」

剛さんがインタビューの答えに一瞬でも窮《きゅう》したのは、それまでの取材で初めてだった。今度はまゆみさんが剛さんに発話を促すように、温かい視線を送る。

「実は……僕自身も、仕事でも家庭でも自分が存在する価値、みたいなものを見出せなくて、悩んでいたんです。まあ、仕事は結果が出せなければ出世できないし、左遷の可能性もあるシビアな世界で、理不尽なことも含めて割り切れる面もありますよね。でも……妻との関係では、ちょっと気恥ずかしいけど、愛とか情、というものがあるわけで……心が通えていないんじゃないかと感じていた時期は本当にしんどかった。だから……まあ、そのー、せめて『イクメン』として多少無理してでも、子育てにより時間を割いて関われば、妻に頼りになる夫として評価してもらえるし、自分自身の価値を証明できるんじゃないか、って……。つまり、『イクメン』振っていただけなんです」

改めて今、岡村さん夫妻は仕事と家庭生活をどう捉えているのか――。

「小学2年の息子もあと数年すればそれほど手がかからなくなると思いますし、投げ出さずに仕事を続けていれば、いつかチャンスが巡ってくるのではないかと……できるだけ前向きに考えるようにしています。そう思えるようになったのも、夫にありのままの状況を話して、勇気づけてもらったお陰です。頑張り過ぎず、小さくても日々の仕事を積み上げ

ていきながら、息子の成長をしっかりと見守っていきたいと考えています」(まゆみさん)
「育児に関わっているから仕事に集中できないとか、仕事が忙しいから息子の傍にいてやれないとか、仕事と家庭それぞれうまくいかないことを、もう一方のせいにしていたことを今、とても反省しています。これからだって何が起こるかわからないですし、仕事も家庭も完璧を追い求め過ぎないで、自然体で取り組んでいければと思っています。まあ、言うのは簡単で、実践するのは難しいんですけどね」(剛さん)
不安や葛藤を抱えながらも、夫婦が真正面から向き合い、明日へと歩んでいこうとしているように見えた。

4 夫婦間の承認欲求の危うさ

†「両立夫婦」の苦悩

共働き世帯が増えたとはいえ、働く女性の過半数(56・0%。総務省「労働力調査」20

18年平均）は非正規雇用であり、企業など雇用主が機会を与え、本人も望めば、管理職に昇進する可能性の高い総合職の女性となると、さらに少数に絞られる。政府は、指導的地位に女性が占める割合を2020年までに「少なくとも30％程度」に増やす目標を掲げているが、現状では課長相当職以上の女性管理職比率は11・5％（厚生労働省の2017年度「雇用均等基本調査」）にとどまっている。

また、出産前に就業していた女性の約半数（46・9％。内閣府が「第15回出生動向基本調査」から集計）が第1子出産後に退職しており、18歳未満の子どものいる有業の女性のうち「正規の職員・従業員」はわずか4分の1（24・7％。厚生労働省の2017年「国民生活基礎調査」）だった。つまり、現に子育てをしながら正社員として働くのは容易なことではなく、さらに管理職に就く女性はほんのひと握りだ。また、本章の事例でも触れたように、出産して職場復帰後に出世とは縁遠いキャリアコースに固定される「マミートラック」に乗ってしまう女性は多く、子育てをしながら働くことが普通の「ノーマルトラック」になるにはまだ時間がかかるだろう。

それだけに、実現できたかどうかは別として、時代が求める女性の生き方を目指すプロセスにおいて、仕事に家庭に、そして何よりも夫との関係で葛藤や悩みを抱えるケースが多いのが実情なのである。

一方、男性はどうか。育児に関わりたいと願っていても、仕事が多忙で十分に父親としての役目を果たせないことを思い煩っている男性は少なくない。年々、微増しているとはいえ、男性の育児休業取得率はいまだ6・16％（女性は82・2％。厚生労働省の2018年度「雇用均等基本調査」速報版）と低水準だ。

「両立夫婦」の実現を阻害する要因としては、長時間労働や不十分な両立支援策、職場の無理解など労働環境が整っていないといった外的なものと、伝統的な性規範や性別役割規範などに囚われる男女の意識など内的なものがある。

そして、男性の育児関与の妨げとなる外的要因として近年、浮かび上がってきたのが、事例でも紹介した「パタニティ・ハラスメント」である。連合が男性労働者1000人を対象に実施した「パタニティ・ハラスメント（パタハラ）に関する調査」（2014年公表）によると、「職場でパタハラをされた経験がある」は11・6％、「周囲でパタハラにあった人がいる」は10・8％と、5人に1人がパタハラを実際に経験したか、職場での存在を認めていることがわかった。パタハラの内容は、「子育てのための制度（育休、時短勤務等）利用を認めてもらえなかった」「制度利用を申請したら上司に『育児は母親の役割』

『育休をとればキャリアに傷がつく』などと言われた」などが上位を占めた。パタハラ経験者がとった対応で最も多かったのは、「だれにも相談せず、子育てのための制度の利用をあきらめた」（65・6％）で、「家族に相談した」はわずか11・5％に過ぎなかった。

すなわち、ともに家事・育児を分担して働く「両立夫婦」にとって、妻が仕事での活動の場を広げれば広げるほど、また夫が子育てなど家庭での役割を果たそうと努力すればするほど、皮肉にもそれぞれの苦悩は増大し、夫婦間の亀裂が深まっていくケースが意外にも多いのである。

†理想の夫婦が生む冷たい衝突

また、妻が仕事で能力を発揮し、出世の階段を上っていくことは、夫に「引け目」を抱かせ、自身を追い詰める要素となっているケースが増えていることを、インタビューを通して痛感した。こうした男たちの心理の背後に根強く居座るのが、男性は主たる家計を担う一家の大黒柱であり、妻との力関係で常に優位に立って敬われるべき存在である、という伝統的な「男らしさ」の規範であることは事例でも紹介した通りだ。

旧態依然とした規範に囚われているのは、男性だけではない。女性にも実は、自分は無理してでも子育てなど家庭での役割を担うから、夫には職場のパワーゲームを勝ち抜いて出世してほしい、といった規範を遵守《じゅんしゅ》しようとする意識が根底に横たわる。

家事・育児をこなしながら仕事で活躍する妻、妻の就労を応援して育児に積極的に関わる夫――という社会の要請に応える理想の夫婦のかたちを具現化させようと躍起になる夫婦の間には実際には、複雑で重層的、かつ冷たい衝突が生じているのである。そうして、互いに胸の内を明かせない冷戦状態がなおいっそう、関係改善への道を塞《ふさ》いでいるように見える。

†過度な「認められたい」欲求のリスク

さらに夫婦の前に立ちはだかる大きな壁は、それぞれが相手にこう見られ、評価してもらいたいと願う、行き過ぎた承認欲求である。人（他者）に認められたいという承認欲求そのものは人間誰しもが保持しているもので、働き、生きていくうえで重要な動機づけにもなる。そして、家族、その要《かなめ》である夫婦は、承認欲求を満たす強固で親密な共同体である。しかしながら、それが度を超えた場合は、その関係性にリスクをもたらしてしまう。

過剰な承認欲求は事実を歪《ゆが》め、己を偽り、相手（夫・妻）を騙《だま》すことにもなり兼ねない。

本章の事例でも紹介したように、実際には育休から職場復帰後に「マミートラック」に乗って苦悩しているにもかかわらず、それをひた隠しにし、応援してくれている夫から「仕事で頑張っていると思われたい」、また、「パタハラ」で仕事に悪影響が出ていてもなお、家庭では「イクメン」を装い、妻から期待通りの「頼りになる夫と評価してほしい」――などである。

だが、「活躍」妻と「イクメン」夫を演じてみたところで、結局はともに承認欲求を満たせず、その結果、「幻想」の中に理想の夫婦像を追い求めるようになってしまう。

では、夫婦「幻想」から解き放たれ、ありのままの自己と親密な他者である夫・妻、目の前の現実を受け入れ、夫婦の関係性を改善していくにはどうすればよいのか。最終章の第5章で詳しく述べたい。

第2章

大黒柱と内助の功という虚像

1　居場所のない夫

†「崩壊」家族モデルへの固執

バブル経済が崩壊した1990年代初頭以降、成果主義人事制度の浸透や雇用の流動化など労働環境が大きな転換期を迎えるのと時を同じくして、夫婦、家族を巡る言説は、「リスク」「衰退」といった言葉とともに、ますますネガティブな様相を呈していく。高度経済成長期に成熟した、夫がサラリーマンとして働き、妻が家事・育児に専念する家族モデルも、多くが将来的に大幅な給与の上昇が見込めなくなり、希望に満ち溢《あふ》れた家庭生活の未来という共通の目標を見失った時点で実現が難しくなり、崩壊の一途をたどっていくのだ。

にもかかわらず、夫が一家の家計を担い、妻子から敬われる大黒柱であり、妻は家庭を守り、夫を陰ながら支えるという、古き良き時代の夫婦像を理想としていまだに追い求める男女は意外にも多い。仕事ひと筋で家庭を顧みてこなかった男性の多くが、自身が思い描いてきた夫・父親像がもはや通用しなくなっていることに内心気づきながらも、現実を受け入れることができずに立ちすくんでいる。一方、時代ごとに移りゆく生き方の規範に翻弄《ほんろう》され、家庭に自らの存在価値を見出せずにもがく女性も少なくない。

何が、そこまで夫婦の虚像に固執させてしまうのか。今では少数派となった専業主婦世帯の実例から探る。

†「男は仕事、女は家庭」志向の男性

今から遡ること20年前、内閣府の「男女共同参画社会に関する世論調査」で、「夫は外で働き、妻は家庭を守るべきである」という考え方について、「賛成」が「反対」を上回っていた終盤の時代。「女性活躍」「イクメン」はもとより、「ワーク・ライフ・バランス（仕事と生活の調和）」という言葉さえ、世の中に出現していなかった1999年のことである。

当時30歳で未婚の横井《よこい》浩次《こうじ》さん（仮名）は自身が思い描く夫婦像について、身振り手振りを交えながら、こう力説した。

「やっぱり女性は結婚、出産したら家事・育児に専念するべきですよ。女性の社会進出が進んだとはいえ、本音では男女ともに『男は仕事、女は家庭』の夫婦になることを望んでいるんじゃないですかね。料理ほか家事全般が得意で、子どもの世話も全部任せられて、俺のことを一番に思ってくれていて……。そうしたら、俺は仕事に専念できるし、夫婦ともに大ハッピーってこと。男社会の新聞社でバリバリ働いている奥田さんの前でこんなこと言ったら、怒られちゃうかな。あっ、はっ、は、は……」

当時、新聞社の北関東にある地方支局で記者をしていた私が、会社の仕事とは別に個人活動としてインタビューを始めたのが、支局管内のメーカーの工場で品質管理の職務を担っていた横井さんだった。

横井さんと同年代の私は、今思うに経験値の低さに起因する若気の至りでもあるが、客観取材に徹しなければならないところ、彼の強固な性別役割分業意識に敏感に反応してしまい、ともすると自身の個人的な意見を言いそうになるのを必死にこらえていた。ということが、取材資料を読み返しながら、まるで映画の一シーンのように鮮明によみがえってきた。彼の発言や表情、ジェスチャーなどを書き記した取材ノートの罫線の外枠には、「自信たっぷり！」「働く女性を軽視？」などという走り書きまで。余程、思うところがあったのだろう。

当初のテーマは、男性の晩婚・非婚化。なぜ横井さんに依頼したのか、はっきりと覚えていないのだが、事前に本人と電話で交わした簡単なやりとりから、彼は性別役割分業の意識が強いがために、働き続けることを望む女性との間でミスマッチが生じ、結婚できにくいタイプなのではないか、という仮説を立てていた可能性が高い。結婚意思がある横井さんからすると、大きなお世話だが、そこまで踏み込まなければならないのが、人間の私的領域を主題とする取材の宿命である。そう己に言い聞かせていたのだが、彼はすんなりと取材を受けてくれた。そして、まるで他人事のように、自分から女性にアプローチできない男性の心理、姿勢が晩婚化の要因であると説明した。

ちなみにこのしばらく後、私は傷つくのが怖く、女性に対して積極的になれない男たちの実態に注目し、「低温男」（類似した概念の「草食男」が登場する以前）という言葉・概念を提起したのだが、そこに至るまでの発想のきっかけを与えてくれた男たちの一人が横井さんだった。

出会いから約1年後、横井さんは合コンで出会った（当初は「友人の紹介」と説明していたが、詳しく尋ねるうちに「合コン」と判明した）3歳年下の建築設計事務所で事務職に就いていた女性と結婚した。結婚後しばらく後のインタビューでの彼の話によると、妻となった女性は「結婚を機に仕事を退職」し、「料理がとても上手」で、「甲斐甲斐しく世話を焼いてくれている」という。この時点では、まさに理想の「男は仕事、女は家庭」夫婦を実現したわけだ。

†長男出産後、夫婦に異変

結婚から1年半後に長女が誕生し、時を同じくして横井さんは東京本社勤務となった。埼玉に戸建てを購入したこと、上司に見込まれて同期の間ではいち早く係長に昇進したこと、そして妻が一生懸命に家事と子育てを担ってくれて、安心して仕事に打ち込めること……。結婚後の数年間は会うたびに、初取材の時と同様、彼は自信満々に自分が思い描く夫婦のかたちを着実に具現化していることを誇らしげに語ったものだった。

そんな横井さん夫婦に異変の兆しが現れたのは、2006年に第2子となる長男が産まれてからだった。

長男誕生後、初の面会取材となった2008年、帰宅途中のターミナル駅近くの喫茶室に現れた39歳の横井さんの表情には、こころなしか憂《うれ》いのようなものが見受けられた。

「実は……ちょっと、うーん、なんというか……」

珍しく歯切れが悪い。何か悩みを抱えている。そう、直感した。

「どうされたんですか？　言いよどむなんて、いつもの横井さんらしくないじゃないですか。うっ、ふ、ふ」

横井さんは沈黙した。

この頃、横井さんへの継続取材は10年近く経っていたものの、取材対象者としての彼との距離感をうまくつかみ切れていたかというと、こころもとない。特にこの質問は何かつらさを抱えている人物に対しては不適切だったと思う。対象者に本来の明るさを取り戻してもらい、スムーズにインタビューを進めようと、安易に考えてしまったのだろう。当時の取材資料からも、相手に近づき過ぎた反省から、速やかに軌道修正を図ろうとしていたことがうかがえる。ただ、この問いかけが、彼が心中を明かそうとするきっかけになった面もあったようだ。ほんの少し、雑談で話題を逸らした後、本題に戻したのは彼だった。

「……そう、そうですよね。俺、いや私らしくないですね」

「すみません。さっきはつい、慣れ慣れしい言い方をしてしまって……」

「そんなことはないですよ。思っていることを会ってお話しするために、今日ここにいるんですから。まあー、ひと言で言ってしまうと……違う、んですよ」

「何が、違う、のですか？　もし差し支えなかったら、教えてもらってもいいですか？」

「私が結婚する前に、思い描いていた夫婦像、夫婦のあり方、とでもいうか……」

妻は長男を出産してしばらくしてから塞《ふさ》ぎ込んだり、急に泣き出したり、精神状態が不安定になり、夫婦の会話も次第に少なくなっていったという。

「私が必死になって働いて嫁さんと子どもを養っているのに……前のように私を敬ったり、労ったりする言葉がちっとも出てこないんです。あまり話したがらないし、私からわざわざ話しかけるのも億劫《おっくう》になってしまって……。長女を生んでからしばらくデキなかった（妊娠しなかった）ので、長男を望むおふくろ（横井さんの実母）からのプレッシャーもあって大変だったとは思うんですが……。でも、男の子が産まれたんだから、喜んで気持ちが明るくなるはずでしょう。もう何が何なのか、さっぱりわからないんです……」

妻の状況を慮《おもんぱか》るというよりも、自分に対する妻の態度の悪化ばかりに気を取られている点には、夫の姿勢として疑問を抱かざるを得なかった。

妻の症状は出産後の一時期で治まり、医療機関で治療は受けていなかったようだが、「産後うつ病」だった可能性が高い。通常、産後うつ病は妊娠中の不安や葛藤が産後に続くものや、夫が育児に協力してくれないなど夫婦関係のストレスに起因するものなど、病因は複数あるとされている。横井さん夫妻の場合は、夫が大きく影響していた。ということがわかるのは、この数年後のことだ。

†「ファザーレス」の苦悩

その約1年後、横井さんは大阪支社に転勤となる。

〈単身赴任で久しぶりの一人暮らしです。独身時代に戻ったみたいで、楽しませてもらっています〉——。近況を尋ねたメールの返信内容に一瞬、目を疑った。以前、彼は転勤の際には必ず妻子を同伴するつもりで、一時たりとも別居はよくない、と語っていたからだ。努めて前向きな様子を伝えようとしている点にも違和感を覚えた。

この時点で電話で話を聞いた限りでは、転勤に伴う単身赴任は、「長男が東京の私立小学校を受験するため、その準備で（妻子は）動けない」ということだった。だがこれについても、自身が高校まで公立で、東京の有名私立大学に進学したこともあって、様々な家庭環境の子どもが通う公立にわが子を通わせたい、という彼の持論とは異なっていた。

対面での取材が実現したのは、大阪支社勤務も4年目を迎えた2012年だった。横井さんは43歳になっていたが、出会ってから数年間のはつらつとしたパワー溢れる男性の姿は鳴りを潜め、年齢よりもかなり老けて見えた。そう感じたのは、こめかみの白髪が目立っていたり、スーツのズボンやワイシャツにシワが寄っていたりという外見よりも、暗い表情や、少し前かがみで丸まった背中などの姿勢からだったように記憶している。

「奥田さん、私がこんなおじさんになってしまって、驚かれたでしょう。いろいろとあったもので……」

「言いにくいかもしれませんが、ご家庭でどんなことがあったのか、可能な範囲で教えてもらえますか？」

「ええ、もちろんです。質問するのに気を遣ってもらわなくていいですよ」

曇った表情ではあったが、かつてのように言葉に詰まることはなく、自分から告白しようと努めている様子が痛いほど伝わってきた。ほんのわずかの間を置いて、横井さんは意を決したようにこう語った。

「父親不在、です」

「えっ？　どういうことですか？」

「埼玉の自宅に一時帰宅した時に、息子から『お父さんなんて、もういなくていい』って、言われてしまいまして……」

その時のつらい光景がよみがえったのだろうか。彼はそう話すと、うっすら涙を浮かべた目を隠すかのようにうつむき、そして大きく肩を落とした。取材場所の飲食店内の周囲に座る2、3人が気づいてこちらにチラッと目を向けるほど、目立った身体の動きだった。

父親不在（ファザーレス）を告白した後、顔を上げずにこう言葉を継いだ。

「子どもたちと嫁さんのためを思って仕事を頑張り、その代わりに子育て、教育は嫁さんに任せてきたのに……ダメだったんですね。どこで間違ったのか、わかりません。私のおやじだって仕事人間だったけれど、それが普通で、父親を否定することなんて全然ありませんでした。なのに……」

「奥さんとは、お子さんのことでお話しはされているんですか？」

「嫁さんは急に息子を〝お受験〟（私立小学校受験）させると言い出して、反対する私の意見を全く受け付けませんでした……。今でも何か言おうとすると、『家のことは私に任せると言ったじゃない』と詰め寄られるので、それ以上話せません。嫁さんとは相変わらず、関係がギクシャクしたままです」

妻との不和が第一志望だった私立小学校に通う長男との関係悪化にも影響しているよう

だったが、夫婦関係についてはそれ以上語ることはなく、真実に迫れていない不甲斐なさを感じた取材だった。

†「家庭に居場所がない……」

そうしてようやく、横井さんの本心に肉薄できる時がやってきた。2015年のことだ。彼は2年前に東京本社に戻り、課長職に就いていた。白髪が頭髪の半分以上にまで増え、頬がこけて身体も痩せ細り、心労の跡がうかがえた。

「家庭に居場所がない、んです。拠《よ》り所が欲しい、です……」

雑談から本題に入ろうとした矢先、彼がそう話し出した。

「嫁さんが息子を出産してから様子が変わった時点で、気づくべきだったんです。私は、結婚前に想定していた理想の夫婦、家族をその通りに実現できているとばかり思い込んで、少しも疑わなかった。でも、実際にはそうではなかったん、です、ね」

言葉に詰まりそうになるのを懸命にこらえ、さらにこう思いの丈を吐き出した。

「嫁さんの気持ちはまだわからないままですが、長男を出産したことで、長男の嫁として男子を産まなければならないプレッシャーから解放されて、私に対する不満、ストレスが湧き起こってきたんじゃないでしょうか。仕事一辺倒で家庭を顧みようとしない夫への反発ですね。そのせいで一時期、精神が不安定にまでなって……申し訳なかったです。実は、会話が少なくなっていくと同時に……そのー、セックスレスにもなってしまいまして……。嫁さんが心身ともに私に拒否感を示すようになったのには、『イクメン』がもてはやされる時代に変わったのも影響しているかもしれません。子どものことは妻に任せていれば万事うまくいく、というのは間違いだったということですね。息子を〝お受験〟させたのも、母親としての存在価値を示したかったからじゃないでしょうか」

東京に戻ってきて妻子との同居が再開してからも、妻とは必要以上のことは話さない状態が続いている。妻は、東京都内の私立小学校に通う長男が3年生になって1人で通学できるようになったこともあり、週に3日、自宅近くの税理士事務所で朝から昼過ぎまで事務のパート勤務を始めたという。

長男と公立中学2年生の長女とはいまだ、ほとんど会話がない状態という。仕事中心の生活で、子どもたちが幼い頃から一緒に過ごす時間がほとんどなかったため、「どう接していいかわからない」と父親としての苦悩も明かした。

「それに……仕事のほうも……」

仕事について触れようとして、言葉につかえる。家庭だけでなく、仕事面でも何かあるに違いない。苦しみを呼び覚まそうとも、真実に迫るにはさらに詳しく聞くしかない。

「お仕事のほうでも何かつらい出来事があったのですか？」

「まあー……私は46歳の課長です。同期でデキる奴たちは、すでに部次長や部長に昇進しています。つまり、私は出世競争に負けたということなんです。これはもう……悔しいですけど、かつて自分が目指していた男にはなれない、ということですから……。はあー、ふぅー……」

胸にしまっていた思いを打ち明けたためか、彼はそう言い終わると深いため息をついて、安堵《あんど》したような表情を見せた。

「家庭に居場所を見つけられそうですか？」

「そう、ですね……見つけたい、見つけないといけない、とは思っています。夫としても、父親としても、失格かもしれませんが……家庭での在り処《あか》を取り戻すことはまだ諦められない。そのことが逆にかすかな救い、でもあるんです」

†「稼ぎ頭」の論理は破綻

2019年、50歳になった横井さんは再び大阪支社に転勤となった。今度も妻と、高校生と中学生になった子どもたちとは離れ、単身赴任生活を送っている。ただ、以前と異なるのは、埼玉の自宅に一時帰宅するだけでなく、妻側からも月に1回程度、週末に単身赴任先のマンションを訪れ、掃除、洗濯など家事をしてくれるようになったことだ。妻の手料理を食するだけでなく、一緒に外食することもあるという。

妻同席での取材はやんわりと断わられたが、インタビュー場所に現れた横井さんは年相応に顔のシワやしみは増えていたものの、明る過ぎず、かといって暗過ぎず、これまで20年に及ぶ取材で、最も自然体で柔和な雰囲気を漂わせていた。

「居場所は見つかりましたか?」

単刀直入に聞いてみた。

「明確な答えではないですが……妻子が私を夫として、父親として認めてくれたら、居場所も見つかるんじゃないかと。自分を『稼ぎ頭』として敬え、なんていう上から目線の男の論理はもう破綻《たん》しているんですよね。それを理解したうえで、嫁さんの家庭での働きに感謝して、夫、父として意識を高めるように努めています。合格するにはまだ遠い道のりですが、嫁さんと子どもたちはある程度、私を見てくれるようになったんじゃないでしょうか。前は無視されていましたから。あっ、は、は……。一方で、子どもたちは成長するにつれて学校の友達と遊んだり、塾に通ったりと両親と過ごす時間は減ってきたし、嫁さんもパート以外にも地域のボランティア活動に参加したりして、自分のために時間を費やすようになりました。いい意味で、家族の間に一定の距離ができたのはよかったのかもしれませんね」

横井さんが取材中に笑いを交えて話したのは確か、最初のインタビューの時以来だった。仕事についてはどうか。

「随分遅ればせながら、大阪（支社）の部長になりました。東京（本社）の部長にはもうなれないでしょうし、ここでいったん『上がり』です。でも、嫁さんや子どもたちのように、自分もやっぱり家庭以外に何か打ち込めるものが必要ですし、それはやっぱり仕事しかないんじゃないかと思うんです。ただ、もう職場での地位や権力ではなくて、ほかの何か、例えば社会の役に立つなどで仕事の価値、やりがいを見つけられればと思っています」

どこか吹っ切れたような清々《すがすが》しい表情で、そう語った。

2　アイデンティティを喪失する妻

†女性上司からのパワハラで辞職

家庭を自分が最も輝ける場として選び、家事・育児に能力を発揮している女性がいる一方で、夫に経済的に依存した生活に自らの価値を見出せず、もがき苦しむケースもある。それに拍車をかけているのが、女性に仕事で活躍することを求める世の中の風潮だ。

山田理恵《やまだりえ》さん（仮名）とは2009年、職場におけるパワーハラスメント（パワハラ）をテーマにした取材で、パワハラ被害の経験者としてインタビューに応じてもらったのが始まりだった。

今ようやく、社会はパワハラを深刻な問題として捉えるようになったが、当時は、2007年施行の改正男女雇用機会均等法で雇用主に防止対策措置が義務化されたセクシャルハラスメント（セクハラ）に比べると、パワハラに対する経営者や職場の意識は希薄で、被害者が泣き寝入りせざるを得ない状況がいかに多いかを取材から痛感していた。

中でも被害者が女性で、かつ加害者も女性のケースは、男性優位の企業社会では「女性同士はもともと仲が悪いもの」などというジェンダーバイアスによって「普通」のことと見なされてしまう傾向が強く、「問題」として取り上げられることは稀《まれ》だったのである（ちなみに女性上司から女性部下へのパワハラは、女性の管理職登用の動きと比例するように増加しているが、現在も依然としてメディアなどで取り上げられることはほとんどない）。

取材当時、28歳の山田さんは、同じ部署の女性課長から執拗《しつよう》ないじめに遭《あ》ったことがきっかけで、抑うつ状態となって出社できなくなり、東京の人材サービス会社を2年前に退職していた。

「社内で初めての女性管理職で、いつかこの人のように仕事で活躍できたら……などと憧れていた女性でもあったんです。その上司にまさか目の敵にされ、陰湿なパワハラを受けることになるとは、全く予想していませんでした。部長に訴えても女性課長に注意してもらえないどころか、社内では私のほうが根も葉もないことをパワハラとして申し出たとして、悪者扱いされて……」

こう文字にした話し言葉だけではなかなか伝わりにくいのだが、山田さんはそれまで取材したパワハラ被害者たちとは、少し異なっていた。取材対象者たちの大半が、加害者やパワハラを問題事案として正当に扱おうとしない会社への怒りを口にし、悲しみやつらさを露にしたものだが、彼女には悲しみに暮れているという様子は見られなかったからだ。その時点でパワハラ辞職から2年という月日が彼女の傷ついた心を癒《いや》したのかとも考えたが、やりとりを続けるうちに時が解決したのではないということを知る。

†キャリア志向から専業主婦で「女の幸せ」

「大変でしたね。今はある程度、吹っ切ることができたのでしょうか。もしそうだとしたら、そのきっかけは何だったのでしょうか?」

質問を聞いている山田さんの表情が、みるみるうちに明るくなっていく。

「結婚、が大きかったと思います。退職する数年前から、仕事で出会った男性とお付き合いしていたのですが、パワハラで苦しんでいる時も、すごく親身になって相談に乗り、心の支えになってくれました。私自身はもとはバリバリ働いて、会社や社会でも評価されるような女性になるのが夢でしたが、就職時点ですでにうまくいかなかったし……男性と違って女性は生き方にも複数の選択肢があるから、結婚退職するのもありかなと。だから、専業主婦になったのは、主人に望まれたのではなく、自分で選んだ道なんです」

「結婚退職」という言葉は少し意外だった。働く意欲を失ったのが女性上司からのパワハラであったことは確かだが、辞職した直接の理由が結婚だったことは会うまでのメールと電話でのやりとりでは一切、明かしていなかった。

山田さんはもともとキャリア志向が強かったが、就職氷河期にぶつかって、契約社員での就職しか叶わなかった。それでも真面目に職務に取り組み、2年後には一般職の正社員に登用されたのだという。女性上司からのパワハラは、さらに転換試験を受けて総合職にキャリアアップし、責任ある立場に就いて活躍していくという目標を立てていた矢先に見舞われた不運だった。

客観的に見て、仕事で活躍していく道はパワハラによって儚《はかな》くも打ち砕かれてしまったわけだが、それとなく尋ねても、それについて彼女が考えを述べることはなかった。

今は、大手企業に勤める夫と東京都心の高級住宅地に暮らしている。

「仕事をされていた時とはまた違う大変さだと思いますが、今の暮らしはいかがですか？」

「忙しい毎日に変わりはありませんが、でも心にゆとりが生まれたように思います。『女の幸せ』とでもいうんでしょうか。働いていた時には得られなかった充実感ですね。実は主人は10歳年上でバツイチなんです。交際当初は年齢差も、離婚経験者であることにも、少し抵抗感がありましたが、前の奥さんとの間に子どもはいませんし、何よりも私を包み込んでくれるような優しさに惹《ひ》かれました。主人には安心して仕事に集中してもらいたいので、しっかりと家事をこなして、それからいつも子どもの傍にいて成長を見守れる母親になりたいと思っています。仕事ではダメでしたけれど、家庭を守る女性として、評価してもらえるように頑張っていくつもりです」

そう話す彼女の表情には、これからも「自分で選んだ」専業主婦という生き方を前向きに歩んでいく、という自信がみなぎっていた。

†「自分が何なのかわからない……」

その後数年間は、最初の取材から2年後に産まれた長女の子育てが忙しいという理由で、会って話を聞くことはできなかった。ただ、たまに交わすメールの文面が、「わが子の成長をじかに観察できるのは幸せです」「同じ年齢の子よりも早く言葉を話すようになりました」といった母親としての充実感を漂わせる内容から、「子育ては本当に大変ですね」

「女の子のほうが強いと聞いていたのに、身体が弱くて育てにくくて……」など育児の苦労話、さらに「毎日、同じことの繰り返しです」「奥田さんは仕事で常に刺激があっていいですね」――などと、少しずつネガティブな表現へと変容していった。

2013年、山田さんは2歳になった長女を東京郊外に住む実母に預け、3年ぶりに面会取材に応じてくれた。胸元にリボンの付いた白のトップスに、ベージュのワイドパンツと、流行を先取りしたファッションは出会った頃と変わらなかったが、それまで見せたことのないような強張った表情で、濃いめのメイクにも違和感を覚えた。

「張り付いた笑顔」「視線をあまり合わせない」……などと、取材ノートの所々に小さく走り書きしていて、彼女の変化に戸惑い、疑問を抱いたことが思い出される。

「お子さんはいくつになられましたか?」

「……」

「日々身近でお子さんの成長を見られていて、成長が楽しみですね」

「……」

当たり障りのない質問から始めたつもりでいたのだが、山田さんは沈黙したまま。実際には5分程度だったのだろうが、計り知れず長い時間に感じられた。実家と自宅との経由地となる東京の繁華街にあるカフェで、周囲の騒がしい話し声が、向き合って座る2人の乾いた空気感をよりいっそう際立たせる。取材者である私自身が焦りを感じ始めていた時だった。

「つ、ま、ら、な、い……」

か細い、ささやくような声だった。逸《はや》る気持ちを抑え、次の発話を待つ。

「つまらない、んです。毎日が……。それに……自分が、何なのか、よく……わからない……。毎日、家事をして、子育てをして……私でなくても、誰でも、できることだし……。頑張ったところで、誰も評価してくれない。夫でさえ、認めてくれないし、感謝の言葉もない。妻、母としての自分の価値が見つけられない、んです……」

そう言うと、彼女はうつろな表情で、いったんは上向いていた視線をまた自身の膝元辺りまで下げた。必死に心の奥底から絞り出した言葉だということが痛いほどわかる。それだけに慎重に質問を進めていかなければならない。

「誰でもできるなんて、そんなこと、絶対にありませんよ。お嬢さんの子育ても、家事も、他人にできるはずないじゃないですか。そのことは、ご主人が一番、理解されているのではありませんか？」

「ご主人」という言葉に、うつむき加減ながらも、山田さんの口元がピクッと引きつったのを私は見逃さなかった。

「主人が、いけないんです。私がこんなにも家庭で一生懸命に頑張っていることを全然、認めてくれない。それに……娘が産まれてからはずっとセックスレスで、もう女としても見てくれなくなった。家庭に入ってから時間が経つにつれて、私は主人にただ依存しているだけの弱い立場の人間だとわかったん、です……」

うなだれる彼女に、うまい言葉をかけることもできない自分が口惜しかった。

†夫へのDVと長女が負った心の傷

職場での有償労働とは異なる、家庭での家事、育児という無償労働に対する周囲からの評価を求めていた山田さんにとって、夫が「認めてくれない」と感じていることは苦痛の根源だったに違いない。それからというもの、山田さんとはメールでの連絡さえ取れなくなってしまい、音信不通状態が続く。

〈お元気ですか？　私は今、１人で暮らしています〉――。驚く内容のメールが突然届いたのは、さらに４年の歳月が流れた２０１７年のことだった。メールには「いろいろとあって」とだけ書かれ、1人となった理由については何も触れられていなかった。さっそく返信し、敢えて詳しい経緯を尋ねることはせず、会う約束だけ取り付けた。数日後、東京都心にある山田さんの戸建ての自宅を訪ねた。

やや大きめのグレーのワンピース型の部屋着をまとった山田さんは、薄く化粧はしていたが、目の下のクマが目立ち、36歳という実年齢よりは上に見えた。一方で、厚化粧や作り笑顔で取り繕っていたように見えた前回の取材時に比べると、本来の彼女に戻りつつあるようで少しほっとした気持ちになったのも確かだ。

しかしながら、事が重大であるのは間違いない。挨拶の後、雑談を交わしながら本題の質問に入る機会をうかがっていた、その時だった。

「あのー、実は……」と、それまでの彼女にしては低めのトーン、途切れ途切れの重い口調で、話し始めた。

「……そのー、主人に……暴力を……振るって、しまった、の、です……。DV（ドメスティック・バイオレンス）というもの、にあたるんでしょう、ね。なぜ、あのようなことを、してしまった、のか……本当に、後悔して、反省して、います。それに、娘の心まで、傷つけてしまうなんて……。もう、どうしようもない妻で、母親です……」

衝撃的な告白だった。単なる夫との別居ではなく、一人娘とも離れて暮らしていることから、かなり深刻な事態に陥っていることはある程度予想はしていたが、本人の口から明かされて動揺し、表面的に冷静さを装うのが精一杯だった。

山田さんは嗚咽《おえつ》しながらも、懸命に言葉を継ぎ、DVに至った経緯を語ってくれた。ある日、「昨日はありがとう。楽しかった」という夫の前妻から届いたLINE（ライン）の文面を、夫が風呂に入っている間に見てしまった。浮気をしていると思って夫に問い詰めたところ、約10年ぶりに高校の同窓会に出席し、同級生だった元妻と15年ぶりに再会したという。その際にLINEを交換したが、元妻も再婚して子どもがいて、「君が想像しているような怪しい関係ではない」と説明したのだという。

しかし、その数年前から、自分の家庭での働きについて労いの言葉さえかけようとしない夫に対して不信感を募らせていた山田さんは、自身の精神をコントロールすることができず、夫に部屋の中の物を投げ、さらに顔や身体を殴る、蹴るなどの暴行を加えたりするようになってしまう。

「最初は痴話げんかだったのが、だんだんとエスカレートしていって……。暴力をしたことを反省して謝って、いったんは主人に負わせてしまった傷の手当てをしたりしながら優しい気持ちになるのですが……また前の奥さんとのことで腹が立ってきて、暴力を振るう、という繰り返しで……。ある、時、そのー、む、娘が……」

必死にこらえていた感情を抑え切れなくなったようで、ついに号泣する。「ある時」の光景が突然、目の前に浮かび上がったのかもしれない。と、座っていたソファーからくずおれるようにカーペットの上でひれ伏した。

わずかの休憩を挟んで彼女が話してくれた内容によると、長女は母親が父親に暴力を振るっている様子を目撃し、そのショックから母親とも父親とも会話ができなくなってしまったのだという。近年、問題視されている「面前DV」による子どもへの心理的虐待である。長女は東京郊外に住む山田さんの実母のもとに預けられ、しばらくして夫も自宅を出ていった。夫への暴行が始まってから1か月ほど過ぎた頃だった。夫は今、自宅から歩いて10分ほどのワンルーム・マンションを借りて暮らしている。

家族が離れ離れになってから半年余り。長女が来年4月、小学校に入学するまでに家族がまた一緒に生活できるよう、長女への面会と夫婦での話し合いを続けているという。

†周りを気にせず、自己を取り戻す

そして現在、山田さんは夫と小学2年生になった長女との同居を再開し、家族の再生に向けて歩を進めている最中だ。アイデンティティの喪失に苦しんだ経験をこう、振り返る。

「専業主婦の道を選んだのがこの私自身であることは間違いないのですが、女性上司からのパワハラがなければ今頃、仕事で活躍していたのではないか、といつも心のどこかで引っかかっていました。いろんな生き方のある女性の宿命かもしれませんね。また、女性は仕事と家庭を両立させて、さらに管理職になるべき、という世の中の流れに、自分は女性のあるべき姿から外れてしまっているのか、などと追い詰められてもいました。退職したのには、会社の人たちに結婚して『幸せ』になったと思わせたかった面もあったので、結婚に逃げてしまった自分を認められず、自己否定していたというか……。でも周りから自分がどう見られているかを気にしないように努めていたら、少しずつ気が楽になってきたように思います。それも主人と娘のお陰なんですよ」

8か月もの間、別居生活が続くなか、少しずつ夫婦の誤解を解消する努力を重ねた。さらに家族一緒の生活に戻ってからも、部長職に就いている夫が自ら率先して部署の働き方改革を進めるなどして、家族と過ごす時間を増やしてくれたこともあり、徐々に夫と娘が自分を妻として、母親として認めてくれている実感が湧《わ》いてきたのだという。

「これからも予想できないことが起こるかもしれませんが、まずは自分を見失わないことが大事なのではないでしょうか」と、山田さんは和やかな表情で語ってくれた。

夫には同居が再開してしばらくしてから山田さんを通じて面会取材を申し込んでいたのだが、快い返事はもらえていなかった。だが、この彼女への取材から約2週間後、電話でなら応じるとの返事があった。夫から承諾を得て、次にその一部を紹介する。

――妻から暴力を振るわれた時の心境について。

「まず初めに、私は一切、浮気はしていませんからね。はっ、ははは……。あれ（妻からの暴力）はそりゃ、驚きました。でも、来る時が来たか、という思いも実はあったんです。暴力になって現れるとは思っていませんでしたが、家内がいつか爆発するんじゃないかと。浮気疑惑以前から、苦しんでいるのを何となく感じていましたから。それなのに……悩みを聞くことも何もできなかったことを反省しています。（中略）あれだけ仕事に意欲のあった家内が仕事を辞めて家庭に入った、いや、入らせてしまったことにどこか引け目を感じていて、話しかけにくかった面もあったかもしれません。あんな職場は辞めて正解でしたが、別の会社に再就職して、家庭と両立させながら力を発揮することもできたわけですからね」

——これからの家族のあり方について。

「私は家内に家庭を任せて、仕事一筋でやってきました。でも、今の時代、それではダメだということに気づいた、というところが現時点ですかね。まだ夫として、父親としては不十分で、じゃあどうすればいいのか、となるとわからないままなんですが……。（中略）まあ、（夫として、父親としての）意識だけでも高めてやっていくしかないのかな、と思っています」

3　仮面夫婦の化かし合い

†アラフォー〝デキ婚〟は計画的

夫の収入だけでゆとりある暮らしを送り続けられる家庭が少数派となったこの時代、

「男は仕事」「女は家庭」という明確な性別役割分業を実践している男女ほど、自分たちが思い描く夫婦のかたちに固執しがちだ。その結果、問題が生じていても現実から逃避し、互いを直視しないまま、「良い夫婦」を演じてしまうのである。

山中良美《やまなかよしみ》さん（仮名）には2009年、40歳前後の女性の生き方をテーマに話を聞いたのが最初だった。ちょうど、ヒットしたテレビドラマの題名から火がついた「アラフォー（アラウンド・フォーティー）」が流行語大賞に選ばれた翌年のこと。

当時、ドラマの内容も影響し、「アラフォー」は人生の岐路に立つ女性のライフスタイルと関連づけて語られることが多かったが、言葉そのものに特定の女性の生き方の意味づけがなされていたわけではない。このため、女性側の受け取り方も千差万別だった。

39歳の山中さんは、約1年前に大手メーカー勤務の同い年の男性と結婚したばかり。企業など雇用する側も多くが子育てなど家庭との両立支援策に本腰を入れ始めていた時期だったが、結婚を機に15年間勤め、課長補佐にまでキャリアアップした会社を退職したという。アラフォーまで独身で仕事に打ち込んできた女性が結婚をきっかけに家庭に入った理由を聞きたいと思ったのが、取材をお願いする動機となった。

週末の昼下がり、兵庫県の閑静な住宅街にある戸建ての自宅で取材に応じてくれた山中さんは白地に紺、赤などチェック柄の入ったワンピースに色鮮やかなブルーのカーディガンを羽織り、立ち居振る舞いも含めて優雅で清楚《せいそ》な雰囲気を漂わせていた。リビングに通されて早々に出された紅茶のカップが高級品で、その華奢《きやしや》な持ち手に怖々と触れたのをよく覚えている。

「失礼なのですが、キャリアを積み上げてこられていたのに、結婚を機に仕事を辞めたのはどうしてだったのでしょうか？」

「結婚して専業主婦になるのが、最もベストな選択だったからです。会社も育児休業制度や時短勤務など両立支援策を少しずつ充実させてきている時代に、何も辞職までしなくてもよかったのではないか、という見方に立った質問だと思いますが、その選択はあり得ませんでした」

言いよどむことなく、早口で話す内容は至って明快だ。一方で穏やかな表情や、時折手の甲を顎の辺りに当てるしなやかな身振りなど、言語と非言語、双方のコミュニケーションが同一人物から発信されたものとしては不自然にも思えた。

すると突如として、赤ちゃんの泣き声が聞こえてきた。「すみません、さっき寝かしつけたばかりなのに。ちょっと失礼します」と言って、山中さんはインタビューを行っているリビングの隣の部屋に入ったかと思うと、数分で戻ってきた。

「本当にすみませんね。あっ、この前のお電話ではお伝えしていませんでしたが、半年前に出産したんです。男の子です」

ということは、結婚時にはすでに妊娠していたことになる。思い切って尋ねてみた。

「その―、失礼ですが……」

「う、ふっ。奥田さん、気を遣い過ぎですよ。そうです。いわゆる〝デキ婚〟という、いえ、〝授かり婚〟と言ってほしいですけれどね」

「おめでとうございます。じゃあ、一気に二重のおめでた、なんですね」

「ふ、ふふ……。うまいことおっしゃいますね。二重になるように計画したのです。だって、40近い男女が1年以上も付き合っていて、男性から結婚の『け』の字も出ないんですよ。デキてからのほうが彼のお母さんにも心配させなくて、というか嫌な顔されずにすみますから」

なぜあの時、山中さんが自分からそう明かしてくれたのか、いまだによくわからない。自身の胸にしまい込んできた、ある意味、達成感のようなものを誰かに伝えたかったのだろうか。

†「この夫だから、家庭に入った」

さらに突っ込んで聞こうとしていた矢先、玄関を開ける音がした。「あっ、主人が帰ってきたみたいですね」と山中さん。そして、一文字に閉じた口の前で片手の人差し指を立てて、〈今の話、内緒ですよ〉と目配せでメッセージを伝えてきた。

初回ということもあって、夫の旬《しゅん》さん（仮名）には取材依頼はしていなかったのだが、彼女が気を利かせてくれていたようだ。ホームセンターに木工用具を買いに出かけていたという夫はもう秋だというのに、白Tシャツにジーンズ姿。日焼けして筋肉質な二の腕が露になっていた。明るく、時折笑い声や大きめの両手のジェスチャーを交えながら、こう話した。

「アラフォーって言葉が流行《はや》っているみたいですけど、注目されることはいいことですよ。あっ、は、は、は……。少なくとも私は、結婚に向け背中を押してくれたように思いますね。妻の前で何ですが、それまではなかなか結婚という決断ができないまま、いい年になってしまっていたんです。それに、何よりも妻は料理は抜群だし、大変な子育ても愚痴ひとつこぼさずにしっかりとやってくれているし、家事全般的に申し分ない。私も課長になったばかりで今、かなり仕事がハードなので、とても助かっているんです。能力があったのに仕事を辞めてまで家庭に入ってくれたんです。とても感謝しているんですよ」

そう言い終えると、旬さんはソファーの隣に座る良美さんに対し、照れる様子もなく、お礼をするように軽く頭を下げ、茶目っ気のある笑顔を見せた。

それに対して彼女は身体ごと夫の方に向き、笑顔を返す。そして姿勢はそのままで、視線を私に送ってきた。

――〈この夫だから、私は結婚を機に仕事を辞め、家庭に入ったのよ。もう、わかったでしょ〉。

夫の言葉や表情、身体表現、言い換えれば、夫の存在そのものを通して、なぜ、結婚を機に順調に実績を積み重ねてきた仕事を辞めたのか、という私の質問に答えているように思えた。彼女の終始和やかでほほ笑みを浮かべた表情の根底には、女としての確固たる誇りがあるのではないか。そう、この初回取材の最後に感じた。

†信じていた夫の裏切り

良美さんにはその後も定期的に会って話を聞いたり、電話やメールで近況を尋ねたりするうちに、実はもとから専業主婦を目指していたのではなく、それ以前に結婚したい気持ちさえ強くあったわけではないことがわかってきた。しかし40歳が近づくにつれ、結婚と出産をとても意識するようになったということだった。

「自分でも不思議と、以前は意欲的だった仕事はどうでもよくなって、結婚して出産することが最大の目標のようになっていた」と彼女は話し、毎週のように参加していた合コンで夫と出会い、自分に対して好感を抱き始めていると直感した時、「絶対にこのチャンスを逃してはならないと思った」と明かしてくれた。

だが、取材を始めてから3年ほど経過した頃、長男の成長については、にこやかに話す良美さんの口から、夫の話題が出ることが少なくなっていることが気になり始めていた。突然、深夜に電話が入ったのは、そんな2012年のことだった。

「す、み、ません……主人に、裏切ら、れ、て、しまいました。信じていたのに……もう、どうしたら、いい、のか、わ、か、らなくて……」

悲しさと、悔しさと、やるせなさと……。複数のネガティブな感情が入り乱れたようなむせび泣きがしばらく続いた。彼女によると、夫が浮気をしていることがスマートフォンのメールを盗み見てわかったのだという。

すぐに会って話を聞きたいとお願いしたのだが、彼女は聞き入れようとはしなかった。

†「復讐」は女のプライド

面会取材が実現したのは2013年。平日の午後、自宅でインタビューに応じてくれた当時43歳の良美さんは、外出時のようにおしゃれに気を配り、ブランドもののロゴをあしらったイヤリングをつけ、メイクも濃くなっていた。ただ、早口の口調と、穏やかな表情、しなやかなジェスチャーは変わらない。1年前の深夜の電話はいったい何だったのか。一瞬、夢うつつのような状態に陥ったのを記憶している。

「お元気そうで、よかったです」

「そう、見えますか？　奥田さん、また気を遣って……単刀直入に聞いてもらっていいんですよ。夫の浮気の件は、それからどうなったのか、って」

度肝を抜かれた。取材者として常に先の一手を読んできたつもりだが、彼女にはそれを見透かされることがこの時だけでなく、幾度となくあったように思う。

彼女はさらにこう続けた。

「夫は出会い系サイトで出会った若い女性との浮気を認めましたが、一回切りだと言い張るんです。そんなわけないですよ。きっと、今も続いているに決まっているんですから」

「『今も続いている』とは、ご主人に確認されたのですか？」

「もう、いいんです。確認して浮気をやめさせるのに労力を割くより、ほかのいい方法を見つけたので……」

「どういうことでしょうか？」

「ふ、く、しゅう」

「えっ？　何とおっしゃいましたか？」

「だから、復讐、です。私も若い男の子と……。あっ、でも、ただカフェとかで会って、話をするだけですよ。まあ、私のほうが一方的に主人やママ友とかの愚痴を聞いてもらっているんですけれど。お金を少し渡して……。彼（男子大学生）と会うと、主人のことなんて忘れられるし、とても気持ちが落ち着いて、前向きになるし……それに、女性としての自信を高められるというか……。う、ふっ」

「ほほ笑み?!」と取材ノートにはある。彼女は紛れもなくほほ笑んだのだ。それも作りものではなく、ありのままの気持ちが表れたものに見えた。

「独身で仕事で自分を高めている奥田さんにはわからないでしょうけれど……。夫に仕返しをして、私は女のプライドを取り戻したんです」——。

そう悪びれる様子もなく、やや斜めに構えた上半身の背筋をピンと伸ばし、正面に顔を向けて話す姿は、まるで女優のポートレート写真のようだった。

妻の"不正"を問いただせない

夫婦の実像により肉薄するためには、夫の旬さんからも話を聞く必要があった。だが、夫婦の間にこれだけ深刻な問題が介在しているだけに、取材は慎重に慎重を重ねて行わなければならない。本来は良美さんの同意を得るべきところだが、かなり逡巡した末に、彼女は通さず、一度夫妻で面会した際に旬さんからもらった名刺にある職場のメールアドレスに連絡を入れた。良美さんへの取材から半年以上過ぎた2014年、大阪市内の職場から自宅までの経由地であるターミナル駅前の喫茶店で、旬さんは取材に応じてくれた。スーツ姿で現れた彼とは実に5年ぶりの再会だったが、表情豊かでオーバーめの身振りを交えた話し方は以前と変わらなかった。

「覚悟を決めてきましたから、何でも聞いてくださいね。うっ、はは」

旬さんの明るさに逆に救われた気がして、さっそく本題に入った。

「奥さんはご主人が浮気をされたことで、かなり悩まれたようで（すが）……」

「あっ、そのことは大いに反省していて、妻には深く詫びました」と質問の語尾に被せて答え、こう続けた。

「でも、1回だけです。言い訳になりますが、妻が育児で慌ただしくて相手をしてくれないからつい出来心で……。妻は信じていないみたいですけど、本当です。それよりも……。その━」

饒舌《じょうぜつ》に語っていた旬さんが初めて、言葉に詰まる。何か、ある。

「奥さんのことで何か、ほかにあるのですか？」

「まあ━、その━……ま、いっか、言っちゃいましょう。彼女は私に黙って自分名義の預金口座を作って、家計分として渡してきたお金の一部をそこに移して、自分のものにしているんです。会社だったら〝着服〟ですね。そんな不正行為をたまたま、見つけてしまったんです。信じていたんですけどね。どうしたらいいものだか……」

「信じていたのに……」同じような言葉を以前、良美さんからも聞いた。

良美さんが夫の浮気問題でそうであったように、旬さんもお金の問題については妻に問いただすつもりはないという。夫を、妻を、互いに信じていたにもかかわらず、「裏切られた」などと憤り、また一方で何もせずに思いを内にしまい込む山中さん夫妻。双方への個別インタビューが実現しながらも、真実に迫り切れていないもどかしさが募った。

†現実逃避で「良い夫婦」のフリ

夫婦間に重大な事態が生じていることを知ってからの数年間は、良美さんと旬さんからの意向に沿って、やむなく、それぞれへの個別インタビューを重ねるかたちとなった。取材を受けていることは2人とも相手（夫・妻）には内密で、当然、私も聞いた内容も含めてインタビューを行っていることを相手に明かすことは決してなかった。この間、良美さんと旬さん、いずれも夫婦の間に起こった出来事への認識に差異があることもわかり、夫婦の溝は埋まるどころか、ますます深まっているようだった。

個別取材を黙っていたことを2人それぞれに伝えて詫びたうえで、夫婦一緒にインタビューを叶える時機をうかがっていた。まず良美さんに、次に旬さんに会うと、当初はいずれも驚きと怒りを露にしたが、私なりに山中さん夫妻の問題に真摯に向き合ってきた経緯と思いを伝えたところ、最終的には夫婦ともに理解してもらうことができた。

そうして2018年末、ようやく夫妻一緒での取材が実現するのだ。良美さんと旬さんはともに48歳。穏やかで上品な雰囲気を漂わせる妻と、陽気で表情豊かな夫が、自宅リビングのソファーに隣り合わせで座る姿は、9年前に途中から夫が加わって2人に話を聞いた時と、何ら変わりなかった。

挨拶と簡単な雑談の後、本題への先陣を切ったのは旬さんだった。

「奥田さんのしつこさには正直、うんざりした時もありましたけど、あ、はっ、はっ……私たちを見放さずに追い続けてくれたお陰で、夫婦が少しずつまた元のように向き合えるようになった気がしているんです。誤解もあったようですし……」

「誤解、というのは具体的にはどういうことでしょうか?」

「妻が自分名義の口座を作って私の給与の一部を移しているのは、妻が自分のために使うためだと思い込んで、一時は怒り狂っていたんですが、実は息子の教育費を積み立てていくためだったんです。ひと言話してくれればよかったんですが、悪者扱いして申し訳なかったと、妻には何度も詫びました」

山中さん夫妻は、この取材日までにいろいろと話し合ったようだった。ということは、良美さんがかつて、若い男性にお金を払ってカフェで会っていると取材で明かしたことも、旬さんはすでに知っているということなのだろうか。良美さんにそれとなく視線を送ると、それに応えるかのように、彼女はこう話し始めた。

「私のほうだって……主人の浮気が――若い女性とは本当に一度切り、だったことも主人と話してわかったのですが――その後も続いていると勝手に思って、もう怒りが収まらなくて、悔しくて、悲しくてしょうがなくて……。それで、話し相手になってくれる子（男子大学生）と会っていたことを主人に打ち明けて、謝りました」

「なぜ、お互いに誤って認識してしまったのだと思われますか？」

「日頃からのコミュニケーション不足のうえに、聞いてもし本当だったら、もう夫婦として完全にやっていけなくなるんじゃないか、という不安のほうが大きかった。2人ともアラフォーまで待って、やっと理想としていた夫婦になれたんですから……。『良い夫婦』のフリをしていたかったのかもしれません。たぶん、現実から逃げていたんでしょうね」

そう語る旬さんを隣の良美さんが優しく見やり、同意するように軽く頷《うなず》いた。

今後の夫婦関係について2人はどう考えているのか――。

「これからだって何が起こるかわかりませんが、まずは現実から逃げないで、妻と日頃から会話する、疑問や不安があったらすぐ尋ねる、ということを心がけていきたいですね」

（旬さん）

「私も主人に確認もしないで、悪いように決めつけることはもう絶対にやめます。実際に問題に直面すると難しいことではありますが、まずは信じることから始めてみるつもりです」（良美さん）

夫婦一緒に追い続けた取材の中でも困難を極めたケースだっただけに、2人のいつになく自然体の姿に触れ、私自身の心が救われたような気持ちになった。

4 夫婦像へのこだわりという盲点

†「性別役割分業」夫婦の誤算

夫が外で稼ぎ、妻が家庭を守るという明確な性別役割分業をたとえ短期間でも、経験したことのあるケースほど、結婚当初に思い描いていた理想の夫婦像にこだわり過ぎ、目の前の現実とのギャップに戸惑い、思い煩う傾向が強かった。夫婦像ばかりか、互いに心が離れて2人の関係に亀裂が生じているという、なおいっそう深刻な状況さえ受け止めることができないのである。

家庭での居場所をなくし、夫として、父親としての自らの存在価値を見失う男性は多い。そもそも夫が一家の大黒柱である、すなわち経済的にも精神的にも一家の支柱として妻子から敬われる存在であるという、かつての家族モデルで描かれた夫像は、経済・雇用情勢や女性の社会進出、夫婦・家族の変容も相まって、今では具現化することが難しくなっている。夫の育児参加を称賛する時流は、伝統的な夫・父を志向してきた男性たちを隘路に陥らせる一因にもなっていた。

一方、家事、子育てに専念する妻は、夫の収入だけで生活できる専業主婦という立場に誇りを抱いて結婚したケースが多い。だが、時を経るに従い、自身の家庭での役割に価値を見出せなくなったり、アイデンティティの喪失にまで陥ったりする場合も少なくなく、そこには必ずといっていいほど、物理面、精神面両面での夫の不在が影響していた。

また、女性は複数の生き方を選べるだけに、学卒後に総合職など表面的には男女平等のキャリアコースで働いた経験がある場合ほど、仕事を辞めて家庭に入り、経済的に夫に依存した従属的な関係性となったことに、次第に困惑や苦悩を増していく傾向がある。女性は結婚、出産後も働いて、仕事で能力を発揮するべき、という社会の潮流が精神的苦痛に拍車をかけていた。

†偽りの仮面と過剰なプライド

理想の夫婦像を追い求める、そのこと自体が問題なのではない。そうした夫婦像がもはや実現不可能であることを認識しながらも、固執し続け、夫婦ともに偽りの仮面を被ってしまうことが重大な問題なのである。

その背景には、周囲から「理想の夫婦」「幸せな夫婦」と見られたいという、他者評価だけに照準を合わせた夫婦のかたちがある。さらに、実現が困難な時代に「夫は仕事、妻は家庭」というライフスタイルを——たとえ、仮面を被った偽りの姿ではあっても——維持しているという過剰なプライドが存在する。それゆえ、互いに相手への疑問や不安、不満を伝えて真っ向から向き合うことなく、また自己評価することもなく、理想的で幸せな夫婦を演じ続けてしまうのだ。

そんな彼らにも言い分はある。例えば、仕事人間で家庭を顧みてこなかった男性たちは、「妻子のためを思って、仕事を頑張ってきたのに……」と主張するケースがほとんどだ。しかしながら、その思いを妻子に言葉で伝えなければ、つまり肝心の妻子がその気持ちを知らなければ、単なる自分たちへの無関心と映ってしまう。一方、大半の女性が家庭での働きを夫が「認めてくれない」「感謝していない」と憤るが、そのような妻の気持ちに鈍感な男性は少なくない。この場合もやはり、妻が家事、育児、介護など自らの働きの大変さを夫に説明し、せめて夫、父親としての意識を高め、妻子をもっと気遣ってほしいと訴えなければ、夫は家族が満足して暮らしているものと自分の都合のいいように解釈してしまうだろう。

互いを見つめ直し、相互理解に向けて努力する以前に、それぞれが違った方向を向いて夫婦の溝を深め、自分自身をも追い詰める結果となっているのではないだろうか。

第3章 「恋人夫婦」の憂うつ

1　いつまでも恋愛気分の嘘

†子どものいない夫婦のゆとりとリスク

意図して子どもを持たない共働き夫婦であるＤＩＮＫｓ（ディンクス＝Double Income No Kids）という言葉自体、今ではほとんど見聞きしなくなったが、１９８０年代後半に米国から輸入されてからしばらくは、時間的にも経済的にもゆとりある夫婦の象徴として、また仕事で能力を発揮する自立した女性の新しい生き方として、女性誌で特集されるなど、もてはやされた時期があった。一方、女性の社会進出と比例するかのように、晩婚・非婚化も進行し、出産を望んでいても必ずしも子どもに恵まれるとは限らない。

意図したかどうかは別として、子どものいない夫婦は確実に増えている。そうして、わが子という〝緩衝材〟が存在しないために、夫婦間に亀裂が生じやすいというリスクも否めない。

仕事も私生活も、自由を優先して子どもを作らないことを選んだ女性の中には、労働環境や社会が求める女性のライフスタイルの変化に戸惑いながら、夫との関係で不満や怒りを募らせるケースが少なくない。また、年齢を重ねるに連れ、かつては気にも留めていなかった「家」が途絶えることへの自責の念にかられる男性もいる。

子どものいない共働き夫婦には、周囲には計り知れない複雑かつ、重層的な事情があることが取材から浮かび上がってきた。

†夫婦でいる意味はあるのか

2016年、東京都心のオフィス街へと向かう通勤途中の電車内で、外資系企業に勤める井上愛《いのうえあい》さん（仮名、当時35歳）を突如として病魔が襲った。いつものように立ったまま経済紙を読んでいると、途中から急に文字がぼやけて読み進めることができない。つり革をつかんだ右手から急速に力が抜けていくのと同時に、心臓の鼓動が高鳴って過呼吸状態となり、車内の床にくずおれてしまった。救急車で病院に運ばれ、点滴などの応急処置で症状は回復したが、救急医の勧めで後日受診した心療内科で、パニック障害と診断された。

症状は快方に向かっているものの、3か月余りが過ぎた今も2週間に1回、通院して精神安定剤などを処方してもらっているという井上さんは、決して万全ではない体調を押して、取材に応じてくれた。

「こんなはずじゃ、なかった、んです。夫婦がそれぞれ仕事に誇りを持って働いて、ともに海外旅行やゴルフとか共通の趣味を楽しみ、尊敬し合える存在で……それで、いつまでも恋人同士のように……。でも仕事が忙しくなるにつれて、いつの間にか休みの日に一緒に行動することも減っていって、夫婦の愛情もきょうだいの情愛のようなものに変わって、今はもう他人に近いかもしれない……。夫婦でいる意味、はあるのでしょうか……」

２０１９年の現在まで15年間に及ぶ継続的なインタビューにおいて、彼女がここまで悲痛な表情を見せたのはこの時一度切りだった。

井上さんは、自身の仕事と夫婦2人だけの生活を優先し、子どもを作らずにきた。通院している心療内科医には、仕事で重責を担うようになって疲れがたまっていたのに加え、夫婦関係のことで過度なストレスを抱え込んでしまったことが、パニック障害の発症を誘引したのではないか、と言われたという。心の病を患った経験は、それまで胸の奥にしまいこんでいた、夫婦のあり方への疑問を余すところなく浮かび上がらせるきっかけになったようだった。

†「自由」求め、「子どもは欲しくない」

井上さんとの出会いは、2004年にまで遡《さかのぼ》る。当時、23歳の彼女は大学を卒業後、渡米し、ニューヨークにある大学に編入して2年目を迎えていた。私も仕事の夏期休暇を利用して米国での研究活動とともに、その大学のサマー・セッションで恩師が受け持つ社会心理学の授業の指導助手を務めていた時だった。母国に一時帰国する留学生が多い期間にもかかわらず、時間を有効活用して単位を取得し、学びを深めようという彼女の熱心な姿が印象的で、私から声をかけたのが始まりだった。

彼女は米国の大学を卒業後は、日本で国際的な視野を生かせる仕事に就くのが夢だと明かし、ジャーナリストと研究者という二足のわらじをはく私に興味を示してくれた。ニューヨークで取材することになるとは予想していなかったため、2004年のインタビュー時には研究ノートを取材用に代用するなど、記録資料は限られているのだが、明瞭に自身の考えを述べてくれた井上さんのお陰で、当時の様子を紹介することが可能となった。

日本ではちょうど、第1章でも触れた、30歳代以上の未婚で子どものいない女性を指す「負け犬」が論争とともにブームとなっていた時期だった。1年前から米国で暮らす井上さんは知る由《よし》もないと考え、紹介する意味も込めて「負け犬」ブームをどう感じているかを尋ねようとすると、彼女は当時、ロックフェラーセンター近くにあった日本の大手書店に毎週のように通って話題本をチェックしていて、「負け犬」のことは周知の事実だった。

「結婚したら子どもを産む、という日本社会の考え方自体が古いんです。『負け犬』だって結局は、結婚して子どもがいるかそうでないか、で女性の生き方の勝ち負けを分けていて、全くナンセンスですね。恋愛の延長線上として結婚はしたいし、仕事には大きな目標を抱いていますから、結婚後も絶対に仕事を続けたい。でも、子どもは欲しくありません」

当時、女性の口から、「子どもは欲しくない」という言葉を聞くことは皆無だった。DINKsは自立した女性のライフスタイルとして注目された一時期が確かにあったが、実際には旧来の「結婚したら、いずれ出産する」という生き方を歩みたいというのが女性たちの等身大の姿であると、取材を通して実感していただけに、井上さんが思い描くライフスタイルは新鮮だった。

「仕事を続ける?」「夫との恋愛維持?」「それだけのため?!」——。取材記録からは、彼女の発言を受け止めつつも、何か他の理由もあるのではないかと考えを巡らせている様子がうかがえる。

「改めて、結婚しても子どもは欲しくない理由は何ですか?」

「自由、ですね。う、ふっ。子どもがいることで、仕事の量や質が制限されたり、旦那さんと結婚前のように2人でデートしたりする時間がなくなって、子育てに束縛されたりしたくないからです」

井上さんが当時この「自由」の意味をどこまで突き詰めていたのかは、わからない。彼女が実体験を通して、その本質に気づき始めるのは、ずっと後になってからのことである。

†就職、結婚と順調なスタート

井上さんは米国の大学を卒業後に帰国し、グローバルな事業展開を行う日本の大手メーカーに就職した。入社してから1年間、総務部に所属した後、異例の早さで本人が希望するマーケティング部に配属された。自身が思い描くキャリアの階段を着実に上り始めたのだ。そして、私生活でも重要なライフイベントを迎える。マーケティング部に異動してから半年ほど経った頃、仕事を通じて出会った5歳年上の商社勤務の男性と結婚する。26歳の時だった。

メールや電話でのやりとりだけで、会って話を聞く機会を逸していた井上さんと再会したのは、結婚翌年の2008年のことだった。色鮮やかな幾何学模様のワンピースに、白のノーカラージャケットを羽織った井上さんは、学生時代にも増して生き生きと、自信に満ち溢《あふ》れた表情を見せた。

「第一希望の会社に就職することができて、思っていたよりも早く理想としていた男性、つまり女性が仕事で頑張ることを尊重してくれて、『男は仕事、女は家庭』なんて古臭い考えを持っていない夫と出会い、結婚しました。夫婦ともに仕事は忙しいですが、家事を分担して、一緒に過ごす時間を見つけてゴルフとか外食とか楽しんでいます。仕事も私生活も、とても順調で充実しています」

実際に結婚してみて、以前話していた「結婚したら子どもを産む」という女性の生き方の規範に否定的で、自身は「子どもは欲しくない」という考え方に変化はないのだろうか。そして、夫は子どもを持たない共働き夫婦のあり方に同意しているのだろうか。質問のタイミングを見計らっていると、それを察したかのように、彼女のほうからこう切り出した。

「奥田さん、結婚しても、子どもは持たないという考えに変わりはありませんよ。夫も全く同じ考えです。子どもが嫌いなわけではありませんよ。夫の姉の子どもを見ていると、本当にかわいいと思います。でも、自分の子どもとなると話は別です。前にも言ったかと思いますが、私は自由を手に入れたいのです。来年からの留学だって、子どもがいないからこそ、実現するのだと思いますから」

井上さんは来年から2年間の予定で会社の制度を利用して米国の大学院に留学し、MBA（経営学修士）取得を目指すという。夫はすでに今年から南米にある支社に赴任していて、「互いの住まいを訪れるのも、海外旅行気分で楽しいんじゃないでしょうか」と、夫婦が離れ離れに暮らすことも前向きに捉えていた。

ただ、この時のインタビューで一度だけ、彼女の表情がやや曇った時があった。勤務する会社が、子育てと仕事との両立支援策に本腰を入れ始めていることに関してだった。

「女性が子育てをしながら働き続けるというのは、それはそれで女性の生き方ではありますが……。私の部署にも一人、育休（育児休業）を取得して職場復帰した女性の先輩がいますが、勤務時間を切り上げるような中途半端な働き方はどうなんでしょうかね？」

†夫との関係で抱え込んだ悩み

井上さんはMBAを取得して米国から帰国し、経営企画部に移って数年勤めた後、外資系企業にヘッドハンティングされる。マーケティングや経営企画の能力を買われてのことだった。勤める外資系企業では会社に利益をもたらした分だけ、勤務年数や年齢に関係なく報酬はどんどん上がっていく一方で、一定の実績を上げられなければリストラされる。厳しい雇用環境のなか、やりがいを感じながらも、知らず知らずのうちにストレスが増していったようだった。

2014年、面会取材に応じてくれた井上さんは、白のブラウスに紺のパンツスーツ姿で、33歳という年齢の割には目の下のクマや目尻のシワが目立ち、疲労がうかがえた。そして何よりも、不満や愚痴、批判などネガティブな感情を露にすることが多かったのが、気がかりだった。

「まだまだ男社会の日本企業で、女性が能力を発揮していくのは本当に大変なことなんです。今、国が『女性が輝く社会』とか言っていますけれど、女性が能力を高めて管理職など主要ポストについて活躍していくことを推進していくのか、それとも実績を上げられなくても、ただ女性が仕事と育児を両立させていくことを支援するのか、どっちなのですか？　もし両方を想定しているなら、そんなの絶対、無理ですよ。だから、前の会社にもいたような、子どもの世話のために平気で仕事を放り出して帰っていくような女性が出てくるんです。私みたいに外資で常に厳しい競争にさらされている者からすると、いい加減な働き方に見えて、何か腹が立ってくるんですよね」

当時、第2次安倍内閣が成長戦略のひとつに「女性が輝く社会」を掲げてから1年余り過ぎた頃だった。このスローガンに触れるあたり、常に社会の動きをチェックしている井上さんらしいといえるのだが、それにしてもいつもの彼女には似つかわしくなく、感情的で、非論理的な表現が目立った。

彼女のストレスの根源は果たして、仕事に関することだけなのだろうか。ふと疑問が頭をよぎった。火に油を注ぐ可能性もあったが、私生活についても尋ねてみるしかない。

「私生活のほうはどうですか?」

「……」

憤ることはなかったが、急に言葉に窮する。

「ご主人は今日本、確か東京本社にお戻りでしたよね」

「……ええ、まあー、あの人も何を考えているんだか……。お互い仕事が忙しくて、話す時間がめっきり減ってしまって……」

目を合わせようとせず、歯切れが悪いことからも、夫との関係で何か悩みを抱えていることは間違いなかった。だが、塞ぎ込んだような様子に、それ以上質問を投げかけることはできなかった。取材時には、後で電話ででも聞くつもりだったのだが、この時以降、しばらく連絡が取れなくなってしまう。

†「もしも子どもがいれば……」

2016年、2年ぶりのインタビューで35歳の井上さんは思いの丈を吐き出した。冒頭で紹介した「夫婦でいる意味はあるのか」という語りである。

実はこの発話までに挨拶を交わしてから15分以上、経っていた。このうち10分近くを沈黙が占めた。2人の間に乾いた空気が流れるなか、出会ってからの歳月が走馬灯のようによみがえってくる。主観を排した客観取材は鉄則である。が、これまでにもし、人として何かアドバイスなど彼女のためにできることをしていれば、ここまで苦悩に陥るのを防ぐことができたかもしれない。そんな自責の念に苛まれもした。

そんな時、「こんなはずじゃなかった」と突然、井上さんが話し出したのだ。一気に語ると、彼女はひと口も口を付けていなかったコップの水を飲みほした。懸命に気持ちを落ち着けようと努めている姿が痛々しかった。再び沈黙が訪れる。少しでも彼女の苦しみに寄り添いたい。そのためにはたとえ酷な質問であっても、彼女のさらなる胸の内に迫るしかない。

「どうして、そこまで夫婦のあり方に苦しまれることになったのでしょうか？　すみません、何事にも前向きに頑張ってこられた姿を長年、見てきた私には、どうしてもまだ本心を打ち明けてもらっていないように思えるのですが……」

悲痛な表情からいつしか、淡々とした面持ちに変化していた彼女の口角が少し上がり、表情がやや和むのが見て取れた。

「奥田さんには見透かされているんでしょうね。正直、話します。あのー、こ、ど、も、です。もしも子どもがいれば、夫婦関係がこれほどまで冷めたものにならなかったんじゃないかと。今さら言いにくいのですが……夫のためというより、私自身が子どもを産みたかったのかもしれません。そう思い始めたのは最近なんです。学生時代の友人が駆け込むように相次いで出産して、その中にはキャリア志向で子どもなんていらない、と言っていた女性もいて……。今夫とは子どものことについて話すことは全くありませんが、離婚した姉（夫の姉）の一人娘に父親代わりのように接しているようで、私に黙って一緒に遊びに行っていたことを後から知って、夫も子どもが欲しくなったのかと、正直ショックではありました」

今からでも出産は遅くないのではないですか——。そう語りかけようとして、思わず言葉を飲み込んだ。

†「自由」には孤独の覚悟が必要

2019年春、38歳になった井上さんは大阪出張の際、「おいしい料理でも食べながら、お話ししませんか」と私を誘ってくれた。主な目的は互いの近況報告の私的な面会ではあったが、彼女の厚意でインタビューも兼ねることになった。承諾を得たうえで取材部分をここで紹介する。

彼女は開口一番、所属する部署内で今期トップの成績を上げて表彰され、CEO（最高経営責任者）から直接、激励と労いの言葉を掛けられたと満面の笑みで語った。2年前に発症したパニック障害は完治し、今はたまに仕事中などに不安になる時だけ、職務に集中するために精神安定剤を飲んでいる程度だという。

肝心の夫との関係では、2人とも仕事が忙しく、一緒に外出したりする機会がほとんどないのは変わりないが、疲れていても帰宅後に話をする時間を少しでもつくるよう互いに努めていることで、徐々にわだかまりは解けつつある、ということだった。

改めて尋ねてみた。

子どものいない共働き夫婦のかたちについてどう考えますか――。

「自由を求めて、その夫婦のかたちを選んだことは後悔していません。実は……最近、思い切って、夫に子どもが欲しくなったか、と聞いてみたんです。夫の答えはノー、でした。女性は子育てしながら働いて当たり前、といった最近の社会の見方に、私が影響されて卑屈になっていた面もあったのではないか、と思うんです。それに……自由には、孤独や不安がつきまとう、それを覚悟して引き受けないといけないということを今、やっと実感できるようになりました」

井上さんの夫には今まで数年にわたり、彼女を通じて何らかの方法で取材に応じてもらえないかと依頼してきたのだが、残念ながら快い回答はもらえなかった。しかし、この日の井上さんの話から、夫婦ともに覚悟を抱いて自由を享受している様子が伝わってきた。

2 「子なし」の後悔

†晩婚カップルとの出会い

互いの合意のもとで子どもを作らないことにした夫婦であっても、妻が出産のタイムリミットの年齢に近づいた時点で考え直す場合もある。ある「晩婚」カップルは不妊治療を経験したことで、改めて夫婦2人だけの家族のかたちへの深い思いをかみしめることになった。

大阪府在住の渡辺健太郎《わたなべけんたろう》さん、智子《ともこ》さん（いずれも仮名）夫妻に出会ったのは2009年のことで、当時、健太郎さんは36歳、智子さんは35歳だった。

それまで取材してきた意図して子どもを持たない夫婦がその理由について、それぞれの仕事や趣味を重視して時間やお金を自由に使い、またいつまでも男女間の愛情を大切にした2人の生活を楽しみたいなどと主張したのに対し、夫の健太郎さんは複雑な心の内を率直に明かしてくれた最初の男性だった。それも妻のいる前で。

そのインタビューの内容を紹介する前に、渡辺さん夫妻への取材を開始した経緯について触れておきたい。もともと2人には、30歳代半ばで結婚した晩婚カップルとして、夫婦一緒にインタビューに応じてもらった。

当時すでに国勢調査では30歳代前半の男性の2人に1人、女性の3人に1人が未婚（一度も結婚したことのない人）という状況にあった。だが、2009年頃は晩婚・非婚化がようやく社会問題として取り上げられ始めた時期であり、メディアも社会意識もまだ実態に追いついておらず、結婚したくてもできない男女がこれほど増えているということへの認識は低かったように思う。

夫の健太郎さんは国立大学大学院の修士課程を修了後に入社した大手メーカーで技術開発担当、妻の智子さんは総合職入社で小売業の広報担当と、ともに仕事に注力する渡辺さん夫妻はそれぞれ、20歳代半ばから学生時代の友人や仕事関係者らと合コンを行うなどして、結婚相手を見つけるために自ら進んで行動していたが、なかなか相手に巡り会えなかった。そして、2人はテニス、バーベキューなど月に数回開催されるスポーツやイベントを選んで参加する、会員制の有料の社会人サークルで出会い、半年の交際でスピード結婚した。最初の取材の約1年前のことだ。

2人が結婚した2008年は、『「婚活」時代』(山田昌弘、白河桃子著)が発売された年だが、「婚活」が流行語として社会に浸透するのに少し時間を要したことを踏まえると、渡辺さん夫妻は、結婚相手探しのために積極的に活動するという「婚活」の概念を先取りしていたことになる。

†妻のため「子どもは作らない」

初回の面会でさらにインタビューを続けていく過程で、渡辺さん夫妻は、ともに仕事と、共通の趣味であるテニスやキャンプなどを休日に一緒に楽しむことを最優先していて、結婚した時から、「子どもは作らないこと」を決めていることがわかった。

結婚後1年以上過ぎても子どものいないこの年代の夫婦では、子どもが欲しくても、恵まれないケースが少なくなく、現に不妊治療を行っているケースもある。子どもがいないことが意図したことかどうかを聞き出すには、取材対象者に対して細心の配慮が不可欠だ。だが、渡辺さん夫妻の場合は取材開始早々、明かしてくれた。

まず、35歳で「高年齢出産」にはなるものの、まだ医学的には妊娠、出産が十分に可能である妻の智子さんに、子どもを作らない理由を尋ねた。
「奥田さん、もうおわかりやと思いますが、晩婚で女性の出産タイムリミットが迫っているから、という理由ではもちろんありません。子どもを『諦める』という考え方ではないことだけはまずわかってくださいね。やはり、女性の社会進出が進んだとはいえ、まだまだ男社会の企業風土の中で女性が男性と同じように仕事で頑張って、出世していくには、仕事も家庭も、つまり出産して子育てしながら働く、ではハンディが大き過ぎてダメやと思うんです。それに……私は専業主婦の母が、厳格な仕事人間の父に言われるがまま、好きなこともできず、ただ家庭を守ることに徹してきた、その姿を間近で見てきたので、そうはなりたくない、という反動もあるかもしれません」

自身の仕事のためと、母親の姿を見て、というのはもっともな動機だ。

ちなみに夫婦一緒での取材では、話している本人の言葉と表情、身振りなどの言語・非言語双方のコミュニケーションだけでなく、もう一方の発話していない側の身体的な反応も見逃さないように心がけている。智子さんが話している最中にほんのわずかの間、たった一度だけ、夫の健太郎さんの頬がピクッと引きつった。彼女が「出世」という言葉を発した時だった。

一方で、健太郎さんはどう考えているのか。

「正直、自分の遺伝子をこの世の中に残したいという思いはありますよ」

この健太郎さんの語りに対して、それまで穏やかな表情だった智子さんが一瞬、眉をひそめたのがわかった。健太郎さんが続ける。

「でも、奥さんもさっき話しましたけど、女性が子育ても仕事も、両方こなしていては仕事で思うように成果を上げられへんのが現実なんでしょう。もしもそうなって、奥さんが僕と結婚したことを後悔なんかしたら嫌じゃないですか。はっ、は、は……。だから、僕は奥さんの仕事に懸ける思いを最大限、尊重して、子どもは作らないことに決めたんです。なぁ」

笑い声を交えながらそう言って、健太郎さんは取材場所の喫茶店で隣に座る智子さんに、温かい眼差しを送った。

†音信不通の妻と思い煩う夫

次に夫婦そろっての取材が実現するまでには、10年もの時を待たなければならなかった。もとは夫よりも取材に乗り気だった妻の智子さんだったのだが、最初のインタビュー以降、会って話をすることに難色を示したからだ。

「天職だと思っていた広報担当から営業に回され、戸惑っている」「上司から管理職昇進には営業経験は必須と言われたが、自分には向いていないし、つらい」――。

1年ほどはこうした内容の電話やメールでの交流が続き、職場環境の変化がストレスになっていることが伝わってきた。なおさら取材の必要性を感じたのだが、幾度となく依頼しても叶わない。真意をつかめないまま、いつの間にか返信すらもらえない状態になった。

智子さんを窓口に夫妻の取材が始まったこともあり、彼女への取材を優先し、了解を得られればまた夫婦一緒に、と考えていたのだが、次のステップに進むことができなくなってしまう。

そこでやむなく、夫の健太郎さんに取材をお願いすることにした。2012年のことだ。健太郎さんへの接触は3年ぶりだった。

これ以降、2019年の夫婦そろってのインタビューまでの間、渡辺さん夫妻にはそれぞれ単独で取材に応じてもらうことになる。健太郎さんと智子さんは自身が取材を受けていることは互いに明らかにしているということだったが、無論、個別の取材内容は内密にした。これから紹介するのは、本書の出版にあたり、渡辺さん夫妻双方に承諾してもらった内容である。

38歳になっていた健太郎さんは所属する技術開発部門で同期でいち早く課長職に昇進していて、会うなり管理職の職務の大変さや、技術職ながら管理・監督業務の比重が大きくなったことへのつらさなどを矢継ぎ早に話した。

当時、すでに男性の生きづらさをテーマに取材を始めて10年以上が経過していた。だが、元来、他者にネガティブな思いを打ち明けにくい性向にある男性が沈黙を挟みながら、仕事の悩みなどを私に打ち明けてくれるたびに、なぜ妻や恋人など身近な女性には話せないのか、という疑問への明確な答えがまだ自分なりに導き出せていない時期だった。取材ノートには「?」記号が頻繁に登場する。

そこで単刀直入に質問してみた。

「管理職という重責を担われていれば、皆さん何かしらつらいことは抱えていらっしゃると思うのですが、仕事のストレスについては、奥さまにはお話しされないのですか?」

「あっ、まあ……」

それまで比較的、流暢だった健太郎さんが言いよどむ。視線も合わせようとしない。妻との関係で何か問題を抱えている。そう直感した。

「智子さんも仕事で活躍されているわけですから、共感される部分もあるのではないかと思うのですが……」

「活躍」という言葉を聞いた時、彼の頬が引きつる。最初の取材で、智子さんが話している途中、「出世」に反応したのと同様のものだった。そして、やや視線を落とし、片方の掌《てのひら》で肩を擦るようなしぐさをした。

「そう、まあ、奥さんには話したいですけど、話せないんですよ。これが仕事をしていない主婦だったら、少しは明かしていたのかもしれませんけどね。実は今、彼女も仕事でストレスを抱えているようで、数年前に営業に移ってからは、家でもイライラしていることが多くて……。前に話していた休みの日には一緒にテニスをして……なんて、誰の話や、って感じです。夫婦、って何なのか……。もし、もしも……いや……」

「何ですか？　せっかくの機会ですから、思うところを話してもらえませんか？」

「もし、もしも……子どもを一人でもいいから作っていたら……夫婦の関係はここまで悪化しなかったのかと、ふと頭をよぎることがあるんです。前はなかったのに、今は日に日に増してきていて……」

2012年時点でも、30歳代後半のカップルが子どもを作るケースは珍しくなかった。

夫婦で今からでも、子どものことについて話し合ってみるつもりはないのか。

「会話自体がめっきり減っているから、無理ですね」とつぶやくように答え、健太郎さんは取材場所の喫茶店の窓から、どこともなく外を見やった。

不妊治療への挑戦

健太郎さんへの取材から2年後の2014年、やっと智子さんへのインタビューが実現する。定期的に依頼していたメールに突然返信があり、取材の承諾を知らせる内容だったのだが、彼女は夫婦一緒でのインタビューについては頑《かたく》なに拒んだ。

智子さんも、夫がそうであったように、まず自分が仕事で抱えている重責やそのプレッシャーなどについて次々と語った。当初は戸惑いも多かった営業職だったが、実績を積み上げていき、1年前、38歳で勤務する会社の営業部門では初となる課長に昇進したのだという。課長就任時は女性活躍推進法が施行される3年も前のこと。ちなみに、同法施行後は女性管理職比率の数値目標を達成するため、能力や経験が不足していても〝数合わせ〟の女性登用を進めるケースも出ていて、私は問題視しているのだが、こと智子さんに関しては、能力が高く評価されての管理職登用であることは疑いようがなかった。

同じように管理職としてのストレスを抱えていても、健太郎さんと異なったのは、重責のプレッシャーさえ力に変えて前向きに職務に取り組んでいる様子が、まるで職場の情景が浮かぶかのように伝わってきたことだった。最初の取材以降、次第に連絡が取れなくなり、一定期間取材に応じてもらえなかったのは、仕事が直接の原因ではないということなのか。疑念が生じた。

「何か、仕事以外にお悩みのことなどはありませんか？」

「ええ……」と言い、彼女は一度大きな深呼吸をする。

言葉に窮するというよりは、すでに覚悟を決めてきたある事情を話すにあたり、自ら気持ちを落ち着かせているようにも見えた。

「実は……急に、子どもが欲しくなってしまって……。広報から営業に移って仕事がさらに忙しくなってしばらく経った頃からなんです。前と違って会社も両立支援策を整えてきたので、自分の部下も含め、子育てしながら働く女性が社内で増えて、もう仕事か子どもか、を選ばなければならない時代ではないんやと思うと、なんか虚しくなってきて……」

ということは、２００９年に夫婦で取材に応じてもらってからそう時間が経たないうちに子どもが欲しいという思いが高まり出したということになる。健太郎さんが「もしも、子どもを作っていたら……」という発言をした時点から3年近く前のことだ。

「自分一人で思い悩んでしまって……。夫には仕事でストレスがたまっているように見えたかもしれませんが、本当は子どものこと、やったんです。それでもずっと言い出せなくて……。やっと話し合って1年ほど前から……そのー、努力してみたんですが、うまくいかなくて……それで、半年前から不妊治療を行っています。まだ妊娠していなくて、挑戦みたいなもんですが……それでも、治療を始められたことは大きな前進で、だから、奥田さんにお話ししなくてはと……それ、それ、と……」

今度は明らかな言いよどみだった。何かを言い出せなくて困っているように見えた。

†自責の念に駆られる妻

働く女性、それも管理職という重責を担いながらの不妊治療は並大抵のことではない。ともに治療に取り組む夫も大変なことは言うまでもない。痛みをはじめとする治療そのものの苦痛なのだろうか。それとも、職場の理解が十分に得られないのだろうか。適切な質問の言葉が見つけられずに反芻《はんすう》していた、その時、だった。

智子さんが意を決したように、こう告白を始めたのだ。この時点で目はうっすらと充血し、眉間にはしわがよっていた。

「……わ、わたしは……う、うそを、ついていた、んです。ほ、ほんとう、は……」

すでに嗚咽《おえつ》が始まり、苦悩の表情が痛々しかった。いったん取材の停止を提案したが、智子さんは首を大きく横に振り、告白を続けた。

「本当、は……もともと、子どもができにくい、身体だったん、です。でも……せっかく出会った夫に振られる、のが、怖くて……言い、出せなかったん、です……」

智子さんが心の奥底から絞り出すような声で必死に打ち明けてくれた内容によると、就職してしばらくした20歳代前半から、繰り返す腹痛で受診した婦人科クリニックで子宮内膜症を患っていることを知り、鎮痛剤の投薬治療とホルモン補充療法を受けるようになった。そして、結婚前のある時点で、医師から「卵管の癒着《ゆちゃく》があり、自然妊娠は難しいことを理解しておいてほしい」と言われたのだという。ショックのあまり、通院も止めてしまい、市販の鎮痛剤で痛みをしのいできた。

智子さんは「嘘」と表現したが、例え自然妊娠は無理でも、不妊治療を行えば妊娠の可能性はある（そもそも医師のいう「自然妊娠」の概念が、タイミング法を行う以前の厳密な「自然」なのか、タイミング法を含めた広義での「自然」なのか、明確ではないが）。だからまさに今、不妊治療に取り組んでいるのではないか。結婚した時点では、子どもを持たないことを2人で決めたわけで、そこまで自責の念に駆られる必要はない——。そう彼女に声をかけたかったのだが、苦渋の面持ちを目の当たりにして、ただうなだれる彼女の背中をさすることしかできなかった。

†子どもがいなくても充実した夫婦

それ以降、再び智子さんへの取材が中心となり、近況や心境を定期的に会って聞くことになった。不妊治療の経緯についても、最初の数か月は夫に卵管癒着のことを打ち明けることができず、排卵日に合わせて性行為を行う自己流のタイミング法だけだったが、その後すべて明かして夫も理解したうえで、通院して本格的な不妊治療に入ったことがわかった。39歳で不妊治療を始めた彼女にとって、残された時間はそう長くない。だが冷酷にも時は流れるばかりで、急速に精神的苦痛が増しているのが痛ましかった。そうして、どの時点で不妊治療を終えるのか、という点を強く意識していくようになる。

2019年、待ちに待った渡辺さん夫婦そろっての取材が現実のものとなった。2人は2年前、約3年にも及ぶ不妊治療に幕を下ろした。不妊治療を止めてからしばらく、智子さんは塞ぎ込みがちだったが、古巣の広報部門に戻って部次長に昇進するなど仕事が彼女の精神状態の回復に好影響を与え、また今度は時が味方についてくれたようだった。

2人とも40歳代半ばになり、言葉や表情、身のこなしだけでなく、夫婦の間に漂う空気感が、出会った10年前には感じられなかった、ゆったりと落ち着いたものに変容していたことに、なぜだかほっとした気持ちになった。

今、夫婦像についてどう考えているのか。2人に向けて質問すると、まず夫の健太郎さんが話してくれた。

「この10年、いろいろとありましたが、ともに2人で乗り越えてきたんやな、というのが実感です。子どもはいらない、から、やっぱり欲しい、そして不妊治療……。奥さんは僕に気を遣って個別の取材では話していなかったと思いますが、実は僕にも、精子が少ないという不妊の原因があったんです。仕事でも、恥ずかしいですが、彼女が順調に出世していくのを見て嫉妬したこともありましたし……。結局は、夫婦の問題、悩み事は両方に原因があって、気持ちをひとつにしないと前に進んでいけないということなんやないでしょうか。これから、もっと大変なことがあるかもしれませんが、2人一緒に歩いていきたいと思っています。そやなあ」

健太郎さんが以前にも見せたように優しい眼差しを隣に座る妻の智子さんに送り、目配せをして発話を促した。

「夫にはすべて受け入れて理解してもらって、とても感謝しています。この2人だから、ここまで仕事も続けられたし、自分の家庭も築けたのだと。それと……今、晩婚化が進んでいて、加齢によって妊娠しにくいカップルが増えていますよね。だから、子どもがいなくても、私たちみたいに夫婦としてそこそこ充実した人生を送ることもできるんやということを、いつか子どもができずに悩んでいるご夫婦に、自信を持って話せる時がくればいいなあと思っています」

智子さんはそう言い終えると、話の途中で夫がさりげなく彼女の手の上に添えていた手を握り返した。

3　事実婚でも「家」のしがらみ

い。

†始まりは「結婚できない男たち」

子どもがいないことで時に、夫婦の間に生じた溝を深めてしまうことがある。親の介護や自らの病によって、改めて「家」、家族の重みを感じる「事実婚」カップルも少なくない。

法律婚ではなく、事実婚を選んだ高橋直樹《たかはしなおき》さん、加藤恵《かとうめぐみ》さん（いずれも仮名）夫婦を10年以上にわたって追うことになったきっかけは、独身時代の直樹さんへのインタビューだった。2003年、結婚する意思はあるのに、結婚していない、つまり「結婚できない男たち」をテーマにした取材だった。

ちなみに私は2000年頃から、社会問題としての「結婚できない男たち」現象について取材を行ってきたのだが、取材を始めた当初は、男性の晩婚・非婚化問題に着目するメディアは皆無だった。

取材対象者にインタビューを申し込んでは断わられる、ということを繰り返していたなかで出会ったのが、直樹さんだったのだ。

直樹さんは、私が当時、「結婚できない男たち」の3類型に分けた（1）理想が高過ぎ、自分が求める女性が現れるのをただひたすら待っている「白雪姫求め系」（2）外見に自信がなく、人見知りで、女性とのコミュニケーションが苦手な「モテない系」（3）低収入であることなどに引け目を感じて、女性との交際に積極的になれない「ビビリー系」――のうち、3番目のタイプに該当する男性だった（奥田2007、2016）。いずれも自分から女性にアプローチできず、傷つくのが怖いという心理面が共通していたが、直樹さんのタイプは自信のなさの要因が経済状況や雇用情勢に関わっており、自分の力だけでは解決できないという点で、「結婚できない」状態から脱皮するには最も難しい類型だった。

†「低収入でもいいという女性がいれば……」

直樹さんは東北地方の私立大学を卒業後、比較的求人の多い東京はじめ南関東での就職を目指して100社近く受けたが、「就職氷河期」にぶつかり、正社員職での内定を得ることができなかった。学卒後に契約社員で入社した東京に本社のある会社では、実績を上げれば正社員登用への道も開けている、という説明を受けていたが、キャリアアップを図ることはできなかった。正社員を目指しつつ、2社目以降も非正規職での転職を繰り返し、最初に取材した2003年時点で32歳の直樹さんは、運送会社の契約社員として配送管理の職務に就いていた。

結婚したいのに、できていない理由について尋ねると、彼はまず、両手で顔を覆うように黒縁メガネを上げるしぐさをした。そして、はにかんだ表情で視線が合うのを避けるように、取材場所のファミリーレストランのテーブル上を凝視し、小さくささやくような声で、懸命に今の思いを打ち明けてくれた。

「女性と話すのが特に苦手というわけではないんですが、20代半ばに1年ほど交際していた女性から、僕が非正規だとわかった途端に音信不通になって振られてしまって……。正社員だと嘘《うそ》をついていた僕も悪かったんですが……それがトラウマになって、女性不信が強くなり、それから誰とも付き合うことができなくなってしまいました。で、でも……そんな自分を変えないといけないと思って、取材を受けることにしたんです。非正規で低収入の男でもよくて、こんな自分を受け入れてくれる女性がいればいいんですが……」

†「何にも縛られたくない」妻

その3年後、直樹さんは正社員になるという目標は達成できていないものの、思い描いていた女性とゴールインする。事実婚を選び、結婚式や披露宴も行わなかった。そして、仕事を持つ彼女の意思を尊重し、子どもは持たないことに決めたという。

結婚翌年の2007年、直樹さんはパートナーとなった美容師をしている恵さんとともに取材に応じてくれた。直樹さんより3歳年上で東京都内の店舗の店長を任されているという当時39歳の恵さんは、事実婚で子どもを作らないことにした理由を尋ねると、彼とは対照的に明るい面持ちでつぶらな瞳をこちらに向け、はきはきと話してくれた。

「40歳近くになってやっと、私のことを仕事も含めて理解して好きになってくれる、優しい男性に出会えた。それが彼なんです。私も専門学校を出てから大変でしたけれど、今はそれなりに稼ぎもあるので、彼が非正規でも全然、気になりません。私が苦手な料理や掃除とか家事も難なくこなしてくれて、仕事で疲れて帰ってきた私を癒《いや》してくれる存在でもありますね。形式的な結婚に束縛されたくなかったので、事実婚を選びましたが、子どもを持たないのも、私個人の、2人一緒の、時間と空間を拘束されたくないからです。つまり何にも縛られたくないんですよ」

本来、複数回に分けて質問して答えてもらう内容をそう、一気に語った。恵さんが途中で時折、取材場所のカフェで隣に座る直樹さんに視線を送ると、彼はそのたびに少し照れながらも目を合わせ、頷《うなず》いていたのがとても印象的だった。

直樹さんにも同様の質問を振ると、私とはほとんど視線を合わせず、その代わりに頻繁に恵さんの顔色をうかがうように眼差しを送りながらこう話した。

「事実婚は僕にとってはちょうど、よかったんです。あのー、なぜかというと……」

言いよどむと、恵さんが「あれ、気にしなくていいからでしょ」と合いの手を入れる。

「そ、そう……『家』のしがらみ、がないから……。自分の収入が少ないとか、まだ非正規のままでいるとか……気にしなくていいですからね。正式な結婚だと、相手の親にいろいろと審査されるようで嫌ですし……」

2人は事実婚を決めたことを、学生時代の友人や職場の人たちに知らせる前に、互いの母親（いずれも一人っ子できょうだいはなく、父親はすでに亡くなっているという）に会って紹介し合ったが、その後の交流はほとんどないらしい。

仕事で能力を発揮し、経済力をつける女性が増えたとはいえ、依然として結婚相手の男性に高収入や高学歴を求める女性が少なくないなか、直樹さんと恵さんは新時代のカップルのかたちを象徴しているかのようだった。

†母親の介護で別居生活

恵さんを交えて2人一緒に初めて取材した当時は、性格の違いや収入の高低、家事が得意か不得意か、などを互いにカバーし合っているベストパートナーに見えた彼らに、その仲を脅かすような出来事が起こる。

長期にわたってインタビューを続けている取材対象者から面会を拒否されたり、連絡自体取れなくなってしまったりすることは珍しくない。ただ、直樹さんと恵さんの場合は、仕事を理由に会って話を聞くことはやんわりと断られていたものの、定期的に2人宛てに同時に送るメールに対して、それぞれが私を交えて3人で情報を共有できるように返信をくれていた。2年が過ぎたあたりから、日常について詳しく触れられることがなくなって気がかりではあったが、そこまで深刻な事態に陥っているとは想像すらしていなかった。

2011年、4年ぶりに面会取材を承諾する旨のメール連絡が、直樹さんから届いた。その2週間後、取材場所として指定された高級ブランドショップが立ち並ぶ東京都心のオープン・カフェに一人で現れた直樹さんを見て、目を疑った。てっきり2人で取材に応じてくれると思い込んでいたこともあったが、それ以上に、彼の顔色が悪く、日の光が表情を明るく見せるどころか、青白い肌をより強調していたからだ。「別人のよう?!」と取材ノートの罫線をはみだして記した文字が、戸惑いの大きさを物語っていた。

もともと大人しく、明るい表情で話すことはなかったが、所々荒れている肌や目の周りのクマによって顔がより暗く見え、心労の跡がうかがえた。

「顔色が悪いようですが、体調は大丈夫ですか?」簡単な挨拶を交わした後、尋ねてみた。すると、彼はその質問には答えず、ある出来事の経緯を事細かに説明し始めた。

「実は……今、彼女とは別居中なんです。静岡にいる一人暮らしのおふくろ(実母)が……あのー、お恥ずかしいんですが、スーパーで万引きをしたって、警察から電話がありまして……。おふくろが僕のことだけでなく、自分の名前すら言えなかったらしく、持ち物のメモ帳に苗字の書かれていない男性の名前と電話番号がひとつだけあったので、機転を利かせて連絡をくれたようでした。それで……様子がおかしいので病院に連れて行ったら、内科からそのー、別の科に回されて……。前頭側頭型認知症《ぜんとうそくとうがた》、と診断されました……」

寡黙《かもく》な直樹さんにしては、かなり努力して語ってくれたに違いない。ここまで話すと、少し疲れたのか、荒くなっていた呼吸を整えるように一度、天を仰ぐような動作をした。

そしてこれも彼としては珍しく、真剣な眼差しを私に向けて静止した。実際には2、3秒のことだったのだろうが、とてつもなく長く感じたのを今もはっきりと覚えている。

†「うちの家は途絶えてしまうのか……」

そうして、直樹さんはこう続けた。

「ちょうどリーマン・ショックの影響で、勤めていた製造工場を契約途中で解雇されて無職になり、職探しをしている時でした。数か月は東京と静岡の実家を行き来しておふくろの世話をしていたんです……それがいつの間にか、東京の自宅に戻るのが億劫《おっくう》になって……。彼女は今では都心の数店舗を統括するエリアマネジャーで、美容室の経営にも関わっているんです。一緒にいるとどこか、自分が惨《みじ》めに感じられてきて……。いや、でも、別居はおふくろのことを優先したのが一番の理由です。認知症は日に日に進行していくので、家族が近くにいないと心配ですから。ただ、介護保険でカバーできないサービスも利用しているので、思っていたよりも介護費用がかさんで、この先不安ではありますが……。実は今日も……情けないんですが、彼女にお金の相談で上京したんです。オフィスがこの近くなんで……」

別居生活はもう1年近くになる。直樹さんは少しでも長く母親の傍にいるため、実家近くの惣菜店でパートタイムのアルバイトを続けているという。

恵さんはどう話しているのか。

「彼女は『お母さんなんだから、しょうがないわ』とは言ってはくれますが……実際にどう思っているのかはわかりません。それに、まあー、そのー……」

比較的しっかりと話を進めていた彼が言葉を失う。またうつむき加減になり、小刻みに震えているように見える両膝下を交互に見つめるなど、視線が定まらない。精神がやや混乱しているようにも見えた。が、語りを止めはしなかった。

「親からは自立したつもりでいても、一人親が年を取って病気になったら、やっぱり『家』に気持ちは向いてしまうものなんですね。一人っ子で、子どももいませんからね……このまま、うちの家は途絶えてしまうのか、って……。前は考えたこともなかったことで思い悩むようになって……。ち、ちょっと、疲れているのかもしれませんね……」

そう言い終えると、直樹さんは、偶然にもカフェ近くのウエディング会場から、拍手に包まれて出てきた新郎新婦の姿を、無表情で見つめた。

†乳がん発症で考えたこと

直樹さんも、恵さんも、取材を受けることを取りやめたいという意思表示はなかったが、直樹さんがインタビューで母親の介護をきっかけに別居していることを明かして以降、定期的に送っていたメールへの2人からの返信はパタリと途絶えた。

実は私自身もこの間、直樹さんと同様、一人暮らしの母親が介護が必要な状態となり、当初は当時暮らしていた東京から関西の実家まで毎週末、戻って介護を続けていたのだが、症状の悪化に伴って母親を東京に呼び寄せ、在宅介護を続けることになる。直樹さんの苦境がいかほどか容易に推察されただけに、音信不通になったことがとても心配だった。

そんな何もできない己にもどかしさを感じていた2014年、今度は恵さんから突然、「久しぶりにお茶でもしませんか?」とメールがくるのだ。近況について詳しいことは何も書かれていなかった。こちらから尋ねることもなく、面会の約束だけして、その日を待った。恵さんから指定された取材場所は、彼女がかつて勤めていた美容室があり、一番お気に入りの街と話していた東京都心ではなく、自宅のある神奈川県にほど近い郊外だった。

週末の午後、家族連れでにぎわうショッピングモールの一角にあるコーヒーショップに姿を見せた当時46歳の恵さんはジーンズに鮮やかな青のニット、足元にはイタリア製高級ブランドのハイヒールと、おしゃれに気を遣っている点は以前と変わらなかった。が、少しふっくらとしたようにも見えた。

「私、がんだったんです。乳がんのステージⅡで、右乳房を全摘（全摘出手術）したんですよ」

会うなり、恵さんは衝撃的な事実を明かした。以前のような明るい雰囲気は鳴りを潜めていたが、かといって塞《ふさ》ぎ込んでいる様子もなく、淡々とした口調だった。

「お母さん（義母）の病気の世話で私たちが離れて暮らすことになったのは、彼が前にお話ししたと思うんですが、別居してから2年ぐらい経った頃でした。朝、シャワーを浴びてボディーオイルを塗っていたら、右の乳房のソラマメくらいの大きさのしこりに触れたんです。やばい！　それが率直な思いでしたね。実はその1年前にマンモグラフィーで白っぽい、黒く抜けていない小さな影のようなものが写っていたんですが、その時点では生検（生体から細胞・組織を採取して行う病理組織学的検査）までする必要はないから、半年後に再検査しましょう、とお医者さんに言われていたんです。でも仕事が忙しくてうっかり受診し忘れていて……。少しでも再発のリスクを下げるために全摘を選びました。それで、考えさせられたというか……。はっ、ふう……」

そこまで説明すると、当時の状況がよみがえってきたのか、それまで努めて冷静に話していた恵さんが言葉に詰まった。

†認知症の母が教えた「家族」の重み

それでも胸の奥から込み上げてくる感情を押し殺しつつ、懸命に語ろうとする恵さんの姿を見て、今は励ましの言葉をかけるよりも、ただ彼女の話に耳を傾け、その苦悩に寄り添いたいと心底、思った。

「……乳がんとわかってすぐ、彼は私のもとに駆けつけ、手術して退院するまでの1か月間、静岡と行き来しながら、私に付き添ってくれました。それからいったん退院後に最初の抗がん剤治療で病院に1泊した時も。お母さん（義母）は一時期、介護ヘルパーさんに任せていましたが、東京に住民票を移してこちらの特養（特別養護老人ホーム）に入所してもらいました。すべて彼が手際よく準備してくれたんです。お母さんにはちょくちょく会いに行っているんですよ。もう私のことが誰、だかはわからないんですが……でも、私が自分の娘か、妹か、孫のような、自分の家族だとは認識しているようなんです。ここにも『家族』がいるんだと、とっても温かい気持ちになれて……。それも彼と結ばれたお陰ですから……」

恵さんは自らの病を通して、「家族」に想《おも》いを馳《は》せ、その重みを感じるようになっていったようだった。

†「家」に抗わず、向き合う

2018年末、恵さんの実母が1人で暮らす中国地方に直樹さんと2人で帰省する途中、大阪でインタビューに応じてくれた。恵さんは乳がん治療で休職や短時間勤務をしながらも、美容院を展開する同じ会社に勤め、今は全店舗を統括する東京の本部で経営企画の仕事に就いている。1年前に乳がん手術から5年の節目を迎え、再発はない、と再会早々に話し、周囲を照らすような明るい笑顔を見せた。一方、直樹さんは東京に戻ってからビル管理会社に契約社員として再就職していたが、真面目な働きぶりが評価され、2年前に正社員に登用されたのだという。15年に及ぶ取材で最も快活な姿に見えた。

それぞれに今の思いを聞いた。

「これからまた何か問題が起こって気持ちが変わるかもしれませんが、今のところ、事実婚を選んで、子どもを持たない2人の生活を後悔していません。ただ、夫が母（義母）を介護するために別居し、私の病気をきっかけにまた元に戻り……と、いろいろと経験して、以前のように自分たち2人を、親や『家』からかけ離して考えることはできなくなった。いいえ、常につなげて考えていかなければならないことがわかって、よかったと思っています」（恵さん）

「これで大丈夫、とはまだ言い切れませんが、『家』のしがらみや『家』が途絶えてしまうことについて悩んだりしていた時に比べると、少し気が楽になれたような気がしています。なぜかというと、僕も彼女の考えに同感で、これまでの僕たちのカップルのかたちは間違ってはいないけど、自分たちが産まれてきた家族に抗《あらが》うんじゃなくて、正面から向き合えばいいんじゃないか、って思えるようになったから。それから、遅ればせながら40代半ばにして正社員になれたことは、日頃の気持ちの持ち方にもプラスになりました」（直樹さん）

実はこの時まで乳房再建について質問し損ねていたのだが、彼女のほうから、「自分が経験してきたこと、そして今ここに生きていることを忘れないため、乳房再建はしないことにした」と話してくれた。

親の介護も自身の病も、誰しもが経験し得ることだ。そのつらさを自分たちの力で乗り越えたことで、先が見えない不安はありながらも、2人で少しずつでも前向きに歩んでいく自信をつけたように感じられた。

4　子どものいない夫婦の脆さ

†「自由」という価値の低下

子どもをつくらない共働き夫婦であるDINKsが一時期、メディアで取り上げられるなど流行《はや》った背景としては、そうした新たな夫婦のかたちが実際に増えているというよりは、男女雇用機会均等法の施行（1986年）を契機に本格的に女性の社会進出が促されようとしている状況において、「女性は結婚したら家庭に入り、家事・育児に専念するべき」という旧態依然とした根強い性別役割規範へのアンチテーゼとしてクローズアップされた面も大きかった。それだけに、現にDINKsを選んだ夫婦は、女性が仕事で力を発揮することや、夫婦で家事・育児を分担することなど、男女平等意識がより強い傾向にあった。

だが、国や企業などがワーク・ライフ・バランス（仕事と生活の調和）を重視し、仕事と家庭との両立支援策を積極的に推進していこうという時代の潮流に乗って、困難を抱えながらも子育てをしながら働く女性が増えるなか、夫婦合意のもとに子どもを持たないことを選んではいても、出産のタイムリミットが迫った時期に思い煩ったり、親の介護をきっかけに自分たち夫婦のかたちに不安を抱いたりするケースも少なくない。

かつては子どものいない〝特権〟でもあった、それぞれの仕事や趣味、夫婦一緒に過ごすレジャー・旅行などに思う存分、時間を注ぐことで自由を謳歌《おうか》するという価値観が薄れてきているともいえる。

†夫婦の「恋愛」幻想

一方、晩婚化が進むなか、子どもを欲しくても叶わないカップルも増加している。2015年の「第15回出生動向基本調査」（国立社会保障・人口問題研究所）によると、結婚後5年未満の夫婦（初婚同士）の子どもの平均人数は0・78で、約30年間で0・15ポイント低下した。結婚持続期間15〜19年の夫婦（同）のうち子どもがいないのは6・2％と、約20年間で2倍に増えている。不妊の心配や治療経験がある割合も増加傾向にある。20歳〜49歳の子どものいない夫婦のうち、「不妊を心配したことがある」と回答したのは過半数（55・2％）に上り、「検査や治療を受けたことがある」のは約3割（28・2％）だった。

「もしも、子どもがいれば……」と、夫婦関係がうまくいかない要因を子どもがいないことに求める既婚男女は意外にも多かった。わが子との血のつながりを介して恋愛から情愛へと、さらに心の絆を深めていくことが可能な夫婦とは異なり、子どものいないカップルは、男女の愛情を拠り所とする傾向が強い。そして父親、母親としての役割期待がない代わりに、男として、女として、相手に求める愛情の期待値はさらに上昇する。このため、なおいっそう意識して夫婦でいる努力をしないといけないのかもしれない。

夫婦の「恋愛」という幻想と現実との狭間で葛藤する姿が、インタビューからは痛切に伝わってきた。とともに、そもそも他人同士が一から家族をかたちづくっていく、夫婦のその重みを考えさせられた。

晩婚、少子化に伴い、将来的に夫婦だけの世帯はますます増えると予想される。子どものいない夫婦が抱えてきた苦悩が、他人事ではない時代がもうそこまで到来しているのだ。

第4章
羽ばたく妻と立ちすくむ夫

1　後ろ向きな「孤立」夫

†熟年期に試される夫婦のありよう

時間をかけて積み上げてきた夫婦の関係性、ありようが試されるのが、子どもが就職などで自立した時期や、夫が定年退職を迎える時期である。これを機に思いとどまっていた「熟年離婚」に踏み切るケースも多い。国の調査では、離婚件数自体が減少しているにもかかわらず、近年は同居期間別で20年以上の離婚が増加傾向にある。

夫婦が婚姻関係を維持しながら、互いに干渉せず、自立して生きていく「卒婚《そつこん》」（同居、別居にかかわらず）が２０００年代に入ってからメディアで取り上げられるようになった。「卒婚」を実現するには、夫婦がそれまでいかに互いを認め、思いやりや信頼、感謝の念を抱き合いながら、夫・妻として、父・母として生きてきたかが問われる。つまり、相互に心通わせてきたからこそ、自立が可能なのであって、それは決して容易なことではない。

熟年離婚に至らなくとも、心の溝が深まったまま、精神的にも物理的にもすれ違った暮らしを送るケースは少なくないのである。

そうして、夫婦のあり方が問われる熟年期に鮮明になるのが、夫婦それぞれの明日への向き合い方の違いだ。近年登場した、母親の務めから卒業して、新たな自分のための人生を歩むことを指す「卒母《そつはは》」という言葉・概念に象徴されるように、専業主婦、仕事と家庭の両立などライフスタイルに関係なく、女性は前向きで活動的な傾向が強い。これに対して、男性の多くは自立していくわが子ばかりか、妻にまで置いてけぼりを食らったかのように立ちすくみ、戸惑ってさまよい、何事にも消極的に見える。

熟年に至るまで、夫婦がどのように暮らしてきたかも振り返りながら、なぜ後半生の重要な節目で明暗が分かれるのか、事例を紹介しながら考えてみたい。

†「卒父」を果たせない苦悩

2016年、簡単な挨拶を交わした後、10分以上の沈黙を経て、小林徹《こばやしとおる》さん（仮名、59歳）はようやく話し始めた。いつしか目は充血し、眉間にはまるで彫刻で彫ったような深い縦じわができている。必死に絞り出した太く、響く声だった。

「妻子のために、懸命に、働いてきました。それに嘘、偽りはありません。でも、結局、私の気持ちや行いは、女房にも子どもにも、伝わらなかったのでしょうね。女房は、いつの間にか自分の道を切り開いて、私のずっと先を進んでいて、もう背中しか見えない。息子は、就職活動で挫折してからいろいろとアドバイスして、気にかけて面倒を見てきたつもりなのですが……『もう放っておいてほしい』と……。家庭で自分一人だけ、ずっと後ろに取り残されているような気がして、ならないんです」

長年に及ぶ継続取材の間、息子や妻との関係、仕事について葛藤や悩みを少しずつ打ち明けてきたものの、努めて冷静さを保ち、激しい情動を表出することはほとんどなかった。そんな小林さんが家庭での自分のありようについて、ここまで不安げに、また悲しそうに話すことに内心、戸惑ったほどだった。

小林さんは、自身が「卒父《そつちち》」を果たせないために、家庭での居場所ばかりか、自己のアイデンティティまで見失い、一度は絶望の淵に立ってしまったケースだ。

「卒父」とは2017年、「卒母」をメインテーマに、ある経済誌で特集を組むことになり、そこに寄稿した記事で私自身が初めて使用した言葉・概念で、父親業を卒業して、新たな自分なりの道を進んでいくことである。「卒母」が自身も子どもも、母親としての役目を果たしたことを認めたうえで、堂々と卒業しているのに対し、「卒父」は父親としての役目を十分に務めることができず、また父親としての己と真摯に向き合ってこなかったために、卒業できない男性がいかに多いかを、アイロニカルに表現するために用いた。「卒父」を果たせるかどうかは、それまでの親子関係だけでなく、夫婦のあり方が大きく影響を及ぼしていると私は考えている。

ある一時期を切り取ると、小林さんは子どもたち、中でも長男には細心の気遣いを払い、父親として努めてきたように見えるが、これから紹介する過去の長期にわたる取材を振り返ると、それは長年、妻子を顧みてこなかったことへの反動であったことがわかる。

†ニートの息子と向き合う

東京都在住の小林さんとの出会いは２００８年、一人息子の長男への取材がきっかけだった。小林さんには一男一女がいるが、当時、23歳の長男は大学を卒業しても就職活動を行っていない、それ以前に求職の意欲すら持てないニートで、支援団体に紹介してもらい、まず本人にインタビューを行ったのだ。

ちなみに、ニート（NEET = Not in Education, Employment or Training）は現在の国の

定義では、15～34歳の非労働力人口のうち、通学や家事を行っていない者を指す。若年無業者とも呼ばれる。私は2003年頃からニートの取材を始めたのだが、当時は厚生労働省も内閣府もニートの定義づけさえ行っていない時期で、求職活動を行っておらず、その意欲すらない若者、というのが支援団体や民間の調査機関の捉え方だった。

小林さんの長男は東京の私立大学で経済学を学んだが、5、6社の採用試験に立て続けに不合格となった4年生の春の段階で就職活動を止めてしまった。何とか卒業はできたものの、無職のまま自宅に引きこもっている状態が続き、心配した小林さんが支援団体を探し、息子を説得して就職活動を支援する講座を受講させるとともに、自身も同じ団体が主催している親向けのセミナーに参加していたのだ。

長男は当初、就職支援講座への参加になかなか首を縦に振らなかったというが、本人に実際に話を聞いてみると、思っていたほど人見知りということもなく、こちらの質問一つひとつに対して若干考える時間を要したものの、いったん話し始めるとやりとりは比較的スムーズに進んだ。ただ、自分のことを心配して就職活動を応援してくれている父親には「感謝している」とはっきりと言いながらも、「いまだに父と話すのは苦手です。父には悪いんですが……」と、伏し目がちに小さく漏らした言動を今でも忘れることができない。

一方、父親はどうだったのか。小林さんに父親として、わが子の就職を支援するため、自分までセミナーに出向いてきていることについて、その理由や思いを尋ねたところ、意外な答えが返ってきた。

「私のことを息子思いのいい父親だと誤解されているようですが、実は……その真逆なのです。長い間、父親をしてこなかった、そのツケが息子の就職活動での挫折に回ったのではないか、と本当に申し訳ない気持ちでいっぱいです。長男は引っ込み思案で口下手で……。女房からは何度も息子の相談にのってやって、と言われていたのですが……自分の仕事が忙しくて何もしなかった。就職活動の時だけじゃないんです。息子が小学校に上がる直前にバブルが崩壊して会社も大変だったので、幼い頃からキャッチボールすらしてやったことがない。妻子を養っていくために必死だったとはいえ……。今ニートの息子と初めて正面から向き合っていますが、手遅れでなければいいのですが……」

互いに相手への申し訳なさを明かす父子の姿に、どこか切なさが募ったものだった。

ただ、当時小林さんは51歳で、順調に出世していれば管理職で重責を担っているはずで、息子が就職活動を再開するために自身のセミナー参加も含めて、時間を割くのは容易ではないのではないか。尋ねてみたが、彼は現在の会社で就いているポストも含め仕事の現状

については あまり話したがらず、「仕事は何とかやりくりしているので大丈夫です」と言葉少なに答えるだけだった。

息子はその後、就職支援団体の講座で模擬面接などの訓練を重ね、企業情報も丹念に収集し、そして何よりも就職活動でいったん立ち止まってしまった同年代の若者たちとの交流によって、少しずつ就職活動への意欲が湧いてきたようだった。

最初の取材から1年半後、小林さんから、やっと息子が内定をもらったと連絡が入った。IT企業にSE(システム・エンジニア)として正社員で入社するという。その数か月後、会って話を聞くと、もともとポーカーフェイスの彼が笑みを浮かべ、時にジェスチャーを交えながら、息子が内定を得るまでの間にいかに努力したかを力説し、喜びを表現するその姿は、まさに父親そのもの。きっと長男の就職を機に、小林さんは父親としての自己を取り戻し、本来あるべき親子関係を築いていくに違いない。そう確信させられるような姿だった。

†「パワハラ」で閑職に

出会ってからしばらくは、小林さんへの取材テーマはあくまでも父親として、息子との関係についてだった。だが、いつしか、彼が2歳年下の妻のことや仕事について質問してもほとんど話さないことに対し、話題を避けているのではないかと違和感を抱くようになる。そうして、主題は親子から仕事、夫婦関係へと広がっていくのである。

２０１２年、２年ぶりに仕事帰りの時間を割いて面会取材に応じてくれた当時55歳の小林さんは、以前はこめかみに目立つ程度だった白髪が頭髪全体に増えていた。それに、取材場所に現れたノーネクタイ姿になぜか違和感を覚えた。かつては髪の毛を黒に染めていたのかもしれないし、それまでは週末の取材だったためにネクタイ姿は一度も見たことがない、にもかかわらずだ。

そんな私の心の中を見透かしたかのように、すかさず彼からこう説明される。

「あっ、仕事帰りの取材は初めてでしたね。実は……50を過ぎた頃から職場でのポジションがガラっと変わったものですから……仕事中に社外の人と会うこともありませんからノーネクタイで問題ないですし、楽なほうがいいかと……」

「職場のポジションが変わったというのは……」

「は、はっ。奥田さん、そんな、気にしないでください。いわゆる閑職に回されたということです。優秀な同期に遅れを取りはしたものの、部次長までは何とか昇進できたのですが、その後に……」

途端に小林さんは言葉に窮する。そこまでは彼にしては珍しく、軽く笑い飛ばすように明るい口調で話していたのだが、突如として、思い出したくない過去の情景が蘇ったかのように片手で鼻と口を覆い、スッーと短く息を吐き出した。その後、5分近くだったろうか。沈黙が訪れる。彼が取材中に言葉に詰まることはそれまでも時々あったが、いずれも慎重な性格のためなのか、正確に整理して自分の考えを述べるための時間であったように見受けられた。何か思い煩っての沈黙は、この時までは皆無だったと記憶している。

「最近は職場の問題が次々と、事欠かないですね。ポスト減らし、リストラ、非正規雇用の増加から、両立支援や女性登用の遅れ、パワハラまで……」

その場の雰囲気を和ますための軽い雑談のつもりで振ったのだが、最後の「パワハラ」と聞いて、小林さんの頬が引きつった。

「失礼ですが……もしかして、パワハラを受けられたのですか？」

「……」

「それで、そのー、閑職に……」

「……い、いえ……その反対、です」

「えっ、どういうことですか?」

「つまり、そのー……『私がある女性部下にパワハラをした』ということにされてしまいまして……もちろん、私にはそんな認識は一切、ありません。濡れ衣、です。でも、こういうご時世ですし……それに、その私をパワハラで訴えた女性は、管理職候補だったものですから、余計に問題視されてしまいまして……」

一つひとつの言葉を噛《か》み締めるように、沈黙を何度か挟みながら、説明してくれた概要はこうだ。

事が起こった当時は女性活躍推進法が施行される10年近く前だったが、小林さんが勤める会社ではもともと女性の総合職採用や、仕事と家庭の両立支援策などに精力的に取り組み、ちょうど積極的な女性登用の機運が高まっていたらしい。そんな時に2、3年後の課長昇進をメドに、部次長として女性部下の管理職育成を任され、懸命に指導を続けたその内容が、「パワハラ」として訴えられることになってしまったのだという。

「確かに、『こんなこともできないのか、バカ』などと言ってしまった覚えはありますし、周りに同じ部署の何人かがいて、聞いていたと思います。それが、パワハラだと言われてしまえばそうなのかもしれませんが、どうにも納得いきません……それまでの男性部下の育て方から比べると優しく気を配ったつもりでしたし……。脇が甘かったのでしょうね」

それから1年後、人事考課制度の5段階評価で最低ランクに下落した査定結果を突き付けられると同時に、専任部長となった。肩書だけ見ると、部次長からの昇進のようでもあるが、彼が勤める会社ではラインを外れた部下のいない管理職だった。

最初に取材した際にはすでに、そうした状況にあったことになる。

†左遷がきっかけで「父親」をする

気持ちの昂《たかぶ》りは収まっているようだったが、話題を変えたほうがよいと考え、長男のその後について質問した。

「あのー、その前に、ちょっといいですか……。前に、息子の就職活動を支援するために時間を費やしていて、仕事は大丈夫なのかと聞かれたことがあったと思うのですが……すみません、当時は嘘をついていました。順調に出世していたら、当然、息子のために割く時間はなかったでしょうし、仕事を犠牲にしてまで息子の面倒を見るという考えには至らなかったのではないかと思います。私にとっては不当な閑職への左遷が先にあって、それからしばらくして女房から息子が就活で挫折したことを聞かされたものですから……。つまり、不甲斐ない息子のことに時間を使うことで仕事から気を逸《そ》らすことができて、『父親』をしているほうが自分にとって都合がよかったんでしょうね……」

「そんなこと、ないと思いますよ。お父さんとして息子さんのことを思って、一生懸命に努めてこられたではありませんか。お陰で息子さんは挫折から立ち直って、立派に正社員として就職されたのですから」

「非正規です、今話題の」

「えっ？」

「息子は今、契約社員でして……。最初に正社員で入社させてもらった会社はわずか1年足らずで辞めてしまって、今2社目ですが、それもいつまで続くか……。実は就職してからはまた、息子とはほとんど会話がない状態に戻ってしまいまして……。同居しているのに情けないです。なぜ勝手に私に相談もなく、辞めてしまったのか、何度問い詰めても答えない。その代わりに、以前は見せることのなかった睨《にら》みつけるような目をして……。もうどうしたらいいのかわかりません」

「奥さんは息子さんの仕事について、どうおっしゃっているのですか？」

「うーん、何と答えればいいのでしょうね……。女房ともほとんど話すことがないので。

女房はそのー……しばらく前から仕事を始めたものですから、家を空けていることが多くなってしまって……」

妻のことについてさらに突っ込んで尋ねたが、それ以上、答えてはくれなかった。

†妻は起業で新たな道へ

妻が人生の大きな転機を迎え、すでに新たな道へと突き進んでいたという事実を小林さんの口から聞かされるのは、さらに3年後のことだ。2015年、初めて彼のほうから「話を聞いてもらえますか?」と連絡を受け、実現した取材だった。彼は挨拶を交わして早々、淡々と経緯を説明し始めた。

「ずっと黙っていて悪かったのですが……何が起きているのか、頭の中でうまく整理できていなかったので……。ようやく数年経って、おおまかではありますが、話せそうになったので、今聞いてもらっておいたほうがいいかと。女房は息子が正社員として最初に就職したその年に、まるでその時を待っていたかのように、ボランティア活動で知り合った女友達数人と起業しまして……。何度聞いてもよくわからないし、ろくな仕事に思えないのですが、オンラインショップを開設して、手作りアクセサリーを販売しています。当初は主婦のパート程度の収入のようでしたが、2年ほど前からは扶養控除の額を超えまして。それまで私の収入だけで何不自由ない生活を送ってきたのに、何で今さら、と驚いたし、勝手に進めていたので怒りさえ感じましたね。私がこんなだというのに……いや、まあ――」

自身の仕事についても、定年後の仕事について思い悩んでいることを打ち明けてくれた。

「もう家庭には居場所がないですから、定年後も外で働き続けるしかないんですかね」

取材の別れ際、そうささやくように漏らした小林さんには寂寥《せきりょう》感が漂っていた。

†「定年後、生き生きとした人生のために」

そうして、この事例の冒頭で紹介した2016年の取材へとつながる。その後の夫婦、親子関係、そして仕事について尋ねた問いに、長い沈黙を挟んで思いの丈を語ってくれたのだ。

当時定年まで1年を切った時期だったが、定年後の働き方をどうするのかについてまだ迷っているようで、理不尽な処遇はあったものの、長年自身が精を出してきた仕事での未来図を描けないことが、「家庭で後ろに取り残されている」という不安や焦燥感をより募らせているように見えた。

小林さんは今、継続雇用制度を利用して、定年後も同じ会社に勤めている。

改正高年齢者雇用安定法（高年齢者等の雇用の安定等に関する法律）により、定年年齢を65歳未満に定めている事業主には現在、「65歳までの継続雇用制度の導入」「65歳までの定年の引上げ」「定年の廃止」――のいずれかの措置（高年齢者雇用確保措置）が義務づけられ、希望すれば誰でも65歳まで同じ会社で働けるようになった。厚生労働省の2018年の調べでは、継続雇用制度を導入する企業が約8割を占めて最も多かった。

小林さんの会社では継続雇用制度のうち、定年に達した時に退職させずに雇用を継続する勤務延長ではなく、いったん退職させた後に新たに雇用契約を結ぶ再雇用制度を採用しているが、定年後の雇用形態は嘱託社員となり、賃金は定年直前の約6割に減ったという。迷いながらも、職場を家庭に代わる居場所として淡い期待を寄せていた小林さんは2019年春の取材で、「賃金が減るのはやむを得ないとしても、かつての部下に顎で使われているようでつらい」と語った。

定年後のさまざまな苦悩や葛藤を率直に明かしてくれたが、インタビューが進行するにつれ、一度は絶望の淵に立ちながらも、そのことが逆に妻子との関わり方を自省するきっかけになり、後ろ向きではいけないと己に言い聞かせつつ、必死にもがいていることもわかった。

「まず夫として、父親として、反省することがたくさんあります。就職活動で立ち止まっている時にいったんは息子と向き合いながらも、良好な関係を続けていけなかった。その原因には、女房との関係が大きく影響していると思うんです。長い間父親として何もしてこなかったのだから、突然息子のことに一方的に、それも息子の気持ちもちゃんと考えずに口を出すのではなく、まず女房に感謝して、たくさん女房と話して理解を深め合いながら、息子のことも夫婦のことも一緒に考えていくべきでした。今からでもやり直したい。女房も息子も私のことを認めてくれるかどうかはわかりませんが……そう、私は強く願っています。そうして初めて、定年後の孤独を拭い去って、女房のように、生き生きと自分の人生を歩んでいくことができるのではないかと思いますから……」

苦渋の表情は消え、いつものポーカーフェイスを取り戻していた。

2　明日に向かう「躍動」妻

✝堂々の「卒母」宣言

定年後の人生に戸惑い、孤立する男性が少なくないのに対し、女性は自らの後半生とポジティブな気持ちで向き合い、躍動的なケースが多く見受けられる。子どもの就職などを機に母親としての役目から卒業し、新たな人生を歩み始める女性たちが堂々としている背景には、それまでの母親として、妻としての数々の経験の積み重ねがあるようだ。

2016年、住みたい街として人気のある東京郊外の自宅近くのカフェで、鈴木《すずき》美香《みか》さん（仮名、当時53歳）は、女の一生の新たなスタートラインに立った心境を、臆することなく語った。

「母親としてでき得ることは、すべてやり遂げたつもりです。精一杯、務め切った自信があるのです。だから、息子を赴任先へと送り出した時は、もちろんグッと込み上げてくるものはありましたが、悲しいというよりは、立派に成長して社会人として出発するために私のもとを巣立った彼にエールを送りながら、本当に清々《すがすが》しい気持ちだったんです。これからは自分のための人生を生きてみたい。今は期待でいっぱいです」

突然の「卒母」宣言だった。もともと物静かで一言ひと言、言葉を選びながら話すことの多かった女性だけに、一気に言い切ったその決意が並大抵のものではないことは明らかだった。

改めて、「卒母」について整理しておきたい。この言葉・概念が登場するのは、鈴木さんと出会った翌年の2017年、漫画家の西原理恵子《さいばらりえこ》さんが人気漫画の新聞連載を終了する理由として掲げたことがきっかけだった。子どもが大学生など一定の年齢に達したり、就職などで自立したりするのを機に母親業、つまり母親としての務めを自ら卒業し、わが子への干渉はせず、女性としての第二の人生を歩み出すことである。

「卒母」は新たな女性の生き方として一時期、メディアでクローズアップされたが、私は「卒母」はそれまでの夫婦のあり方を象徴するとともに、その後の夫婦関係にも影響を及ぼす、後半生の大きな節目であると捉えている。

鈴木さんは、ついでに付け足すようにこう続けた。

「妻としての役目はもうとっくに終えています。夫は気づいていないでしょうけれど」

†総合職から結婚退職

最初に取材したのは2000年、鈴木さんが37歳の時だった。男女雇用機会均等法が施行された1986年に総合職として大手メーカーに入社し、その数年後に結婚のために退職した彼女に、「均等法第一世代」の女性の歩みについて話を聞いたのだ。今の視点から当時の鈴木さんの生き方を見ると、せっかく手に入れた総合職のポジションを結婚で捨ててしまうのはもったいないと捉えてしまうかもしれないが、均等法第一世代の女性たちの多くが彼女と同様、長期間勤務することなく、辞職していった。

東京の私立女子中学・高等学校を経て、難関私立大学を卒業後、東京に本社のある有名企業に入社した。中学時代からキャリア志向が芽生えた背景には、親の意向で就職することなく専業主婦となった母親の勧めもあったという。入社後3年間、総務部に所属した後、当初の希望であった広報部に異動となり、さらに職務遂行に意欲を抱いていた鈴木さんだったが、その後、次第に働くモチベーションが低下していったという。

「入社から4、5年経つと同期入社の男性社員との差が開き始めて……つまり、女性は結局は、出世ラインには乗れないといいますか……。それで、あのー……やる気を失ってしまいました。そんな時、プロポーズされて……。でも、結婚に、逃げたわけではないんです……奥田さん、わかってもらえますか？　ただ……『そんなに頑張らなくていい』という彼の言葉に――職場の人に言われたらネガティブに受け取るところなんですが――なぜか、ほっとした気持ちになって……。あのー、それで……結婚退職、しました……」

それまでに取材した総合職で働いている女性、または過去に総合職で働いた経験のある女性の積極的な言動のイメージとは異なり、鈴木さんは控えめな性格なのか、うつむき加減の比較的淡々とした表情で、たびたび言いよどみながら、慎重に言葉をつないでいった。

総合職で入社しながら数年で、母校の大学の同窓イベントで出会った7歳年上の夫との結婚を機に退職したことに多少、負い目を感じているように見えなくもなかった。だが、取材時にはすでに結婚から8年が経過していた。結婚退職を引きずっているというよりは、もっと他に話したい何かが彼女にはあり、そのためにも取材に応じてくれたような気がしてならなかった。

一人息子の7歳の長男について話を振ると、少し表情が明るくなったのがわかった。

「実はこの春……そのー、息子が、××（小中高大一貫教育の難関私立小学校）に入学したんです。私と主人の母校でもある大学に、受験競争の厳しさを経験することなく進学させたかったので……2年間は私が付きっ切りで〝お受験〟のための塾通いも頑張ったんですよ」

「それはおめでとうございます。ご夫婦の母校を目指しての私立小学校進学なら、ご主人もさぞかし喜んでおられるのでしょうね」

「……まあ、そ、そうですね」

ほんのわずかではあるが、眉間にしわが寄り、表情が曇る。それとなく視線を逸らし、何か心配事か不満でも抱えているように見受けられた。長男の私立小学校進学に関する夫の考えについて、どう質問を深めていけばいいか、思考をめぐらせている隙に、鈴木さんは話題をかつての大学同級生の女性たちのその後に変えた。彼女たちの多くが家庭に入っているというその話である程度盛り上がったために、結局は彼女が言いよどんだ、そのわけを確認できないまま、最初のインタビューを終えることになってしまった。取材者としては心もとない幕切れであった。

†「均等法第一世代」としての挫折

鈴木さんの本心にやっと近づけたと実感できるまでに、出会いから実に5年もの歳月を要することになる。

2005年、取材場所の自宅最寄りの駅ビル内にある喫茶店に現れた鈴木さんは、木綿素材のベージュのワンピースに紺のカーディガン姿。慎ましやかで落ち着いた雰囲気などはいつもと変わらなかったが、こちらが本題の質問に入ろうとすると、座っている椅子の位置を壁側にあたる背中側に少しずらし、周囲を意識して視線をキョロキョロ動かすなど、やや落ち着きを欠いているように見えた。その様子が余程、意外だったのか、取材ノートには目の部分だけクローズアップした拙《つたな》いイラストが添えられていた。

「去年あたりからでしょうか、『負け犬』ブームとかいって、女性誌で特集が組まれたりしていますが……それに対比して、そのー、専業主婦が『勝ち組』的な取り上げ方をされていて……私は勝ったつもりなんて全然ありませんが……。まあー、あの均等法の最初の世代として一時的に祭り上げられた時のことを思い出して……なんか、憂うつな気分になってしまいます。結局……そのー、女の人生なんて、世の中の流行に振り回されているだけなんじゃないか、という気がしてきまして……」

彼女の口から今になって、「負け犬」と「勝ち組」、さらに遡って「均等法第一世代」の話が出るとは思いもよらなかった。さらに突っ込んで聞いてみるしかない。

「古い話ですみませんが、改めて今、総合職として働いていた会社を結婚を機に退職されたことを、どう思っていますか?」

「うーん、まあー……ざ、せ、つ……そう、働く意欲を喪失してしまったことは私にとっては、実は初めての挫折体験だったんです。私立の中高一貫の女子高から一応、難関と呼ばれる大学に進学して、総合職入社……と、それまでは順風満帆《じゅんぷうまんぱん》でしたから……。でも、結婚、それも同じ大学を卒業していて、一応、一流の企業に勤めている主人と結婚して、経済的には何不自由ない生活を送ることができるということが、その一……あの時は挫折感を補って余りある幸福感を得られたといいますか……」

†〝お受験〟は母親の価値証明

「それに……あっ、すみません……」

鈴木さんはまだ何か言いたそうである。ただ、片方の掌《てのひら》でもう一方の手の甲を擦るなどしながら、ためらっている。もしかすると、長男の〝お受験〟が関係しているのではないか。そう直感し、発話を促した。

「ところで、息子さんは小学校生活はいかがですか？　確か、もう高学年ですよね」

「ええ……6年生です。ロボットに興味があって、将来は理工学部に進んで、研究者か大手企業に就職して開発者になりたい、なんて……よく話してくれるんですよ。夢に終わらせずにぜひ実現してほしいし、親としてできることは何でも応援してやりたいと思っています」

「それはよかったですね。私立小学校の受験は大変だと聞きますが、頑張られた甲斐《かい》がありましたね。ご主人（も）」

質問の語尾に被せて、鈴木さんは話を続けた。「ご主人」という言葉は、確かに聞こえていたはずだ。

「あ、ありがとうございます。あのー……息子を〝お受験〟させたのは……私自身が……そのー、母親としての新たなやりがいを見つけるためだったのかもしれません。一人息子を出産後は……夫も管理職に出世して忙しくて、あまり私のことを気遣ってくれなくなって、虚しくなったとでもいいますか……子どものことでしか、自分の価値が見つけられなくなってしまったんです……。奥田さん、これって、いけないことではありませんよね。まあ……主人は今は息子の成長を喜んではいますが、そもそも〝お受験〟には反対していたんです……というより、子どもの教育に関心がなかったのだと思います」

取材者である私に話す隙を与えないほど、彼女は勢いよく思いの丈をぶつけた。もしかすると、そこまで心情を明かすつもりはなかったのかもしれない。彼女にしては珍しく、感情に左右された発言だったように思う。

均等法第一世代としての挫折と、専業主婦としての苦悩、母親としての達成感……。さまざまな感情が交錯しつつ、鈴木さんは自ら選んだ道と格闘しているように見えた。

†更年期に何も構ってくれない夫

その後も鈴木さんへの取材は途絶えることなく、定期的に続いたが、彼女が語る話題の主役は常に長男だった。反抗期を迎えた中学時代には母親と話したがらず、自宅から2人で歩いて同じ場所を訪れるにも、敢えて遠回りをしてまで母親とは異なる道を行くなど息子とのコミュニケーションに苦慮したこと、さらに高校へと進学してますます勉学に励み、ロボットサークルに参加して地区大会で入賞するなど研究者・技術者への夢を大切に育んでいて頼もしいこと——。息子が成長していく様子を話す彼女の瞳はいつも輝いていた。

その一方で、いつしか、夫の話はめっきり減った。30歳代後半で同期の先頭を切って課長に昇進した後、部長、さらに各部を束ねる事業本部の次長と、夫が出世街道を突き進んでいることは明らかだったが、彼女の話しぶりは至って客観的で感情そのものがこもっていないようにも見え、長男の話との落差に抱いた戸惑いが徐々に増していったのをよく覚えている。

そんな彼女が自ら進んで夫について語ってくれたのが、2010年のインタビューだった。取材場所に使っている喫茶店に到着し、いつものように奥の壁際の2人掛けの席に座った当時47歳の鈴木さんは、しばし目を閉じて片手を胸の中心部に当てた。見るからに顔色が優れない。

「す、すみません。ちょっと動悸《どうき》がして……年のせいなんでしょうかね。炊事や掃除、洗濯なんて、日頃は何の気なしに次々とこなしてきたことが……最近はとても億劫《おっくう》というか……。何でこんな単純作業を、毎日同じことを、繰り返さなければならないのかと、イライラしたりすることが増えて……。これがその一、更年期というものなんでしょうか……」

そう言って、鈴木さんはトートバッグから少し大きめのタオル地のハンカチを取り出し、額に少しにじんでいた汗を拭いた。

「個人差はあっても、みなさん経験することですから。体調管理は大事ですが、それほど気にされる必要もないのではないでしょうか」

「そ、そうですね。みんな経験すること……ですよね。そ、それなのに……お、夫は全く理解がなくて……私のことなんて、見向き、もせず……身体を気遣う言葉の、ひ、ひとつも……ない、んです。いまだに仕事、ば、か、り、で……」

いつの間にか、鈴木さんはすすり泣いていた。

後の取材から推測すると、当時夫は50歳代半ばに差し掛かり、役員就任を目指した出世競争の終盤戦に躍起だったと考えられる。しかし、だからといって、彼女にとっては、子育てがひと段落した時に不意に訪れた心身の不調に対し、夫が何も構ってくれないことは耐えがたい心痛だったのだ。

†資格取得で自らも自立

40歳代後半に見舞われた更年期の心身の不調に対する夫の無反応は、「卒母」へと向かう動機のひとつになったようだ。そう気づかせてくれたのが、この事例の最初に綴った2016年の取材時だった。

「母親としてすべてやり遂げた」と母親業からの卒業を宣言するとともに、それ以前に「妻としての役目はとっくに終えている」と言い切った鈴木さんには、並々ならぬ思いがあったのだ。

彼女は息子が希望通り、大学の理工学部に進学してからしばらくして、医療事務の資格取得のために通信講座を受講し始めた。2度目の受験で見事資格を取得し、1年ほどパートで病院に勤務した後、息子の第一志望だった大手メーカーの技術職への就職が決まり、社会人として巣立つのに合わせてフルタイムに切り替えた。夫には、息子が初任地である地方に赴任するために自宅を離れる直前まで、資格取得や病院でのパート勤務のことは明かしていなかったという。

「経済的にさすがに離婚までは考えませんでしたが、働くことで社会の役に立って、少しでも稼いで自信をつけ、精神的にも自立しなくてはと思ったんです。主人には、『母親として役目を果たし終えたので、これからは外に出て自分なりの人生を歩みたい』と伝えました。するとわずかの間、呆気《あっけ》に取られた表情をしていて、それから『家のことはどうするんだ?』と聞いてきて……。う、ふっ……。結局は自分のことしか、考えていないんですね。息子の〝お受験〟の時も、私が更年期で苦しんでいた時も、無関心でしたし……」

「お言葉を返すようですが、ご主人は決して無関心、ということではないように思うのですが……」

「奥田さんは、独身で、夫婦関係や子育ての大変さを経験されていないから、わからないんですよ！……あっ、すみません」

「いいえ、経験していないのはその通りですから。でも、経験していなくても、取材者として夫婦、家族などについて考え、こうして取材して、書いて伝えていくことはできると信じています。だから、許してくださいね……。ところで、ご主人は今、どうされているのですか？」

「ちょうど息子が就職した翌月、今から半年前の5月に定年退職しました。あれだけ出世志向が強かったので、役員として残るものと思っていたのですが……同期だったか、入社年次が近い人だったかが役員になったみたいです。競争に負けた、ということなんでしょうね。今は家《うち》でダラダラして過ごしています。あっ、そう言えば、一度、『一緒に旅行でも行かないか』なんて突然言い出すものですから、驚きました。とてもそんな気持ちにはなれなくて、断りましたけれど……」

情動を露にし、夫に関する冷たく聞こえる表現が気にはなった。だが一方で、言いよどむことなくスムーズに言葉を運び、また以前は伏し目がちで時におどおどすることもあった様も鳴りを潜め、経験に裏打ちされた自信のようなものが表情や物言いにも現れるようになっていたのが印象的だった。

干渉せず、思いやる夫婦へ

「卒母」から3年、今鈴木さん夫婦はどう過ごしているのか。

56歳になった鈴木さんは医療事務の仕事を続け、夫は定年退職後、2年間は無職だったが、この春からかつての仕事仲間に誘われ、嘱託社員として再び働き始めたのだという。

2019年、インタビューに応じ、今後の夫婦像についてこう話した。

「私は子離れして、外で働くことで少しでも自立した人生を進んでいると思いますし、夫も何もしていなかった時は正気を失ったようで、どうなってしまうのかと心配していたんですが……また働き始めて、少しずつ元気を取り戻しつつあるのかな、というところです。実は今になって、私のほうも、もう少し主人のことに気を配るべきだったと反省している面もあるんです。出世競争に敗れた時にはたぶん、かなり苦しんだと思いますし……。まだ腹を割って話せているわけではないんですが、それぞれの行動を通して、だんだんと労わり合えるようになったのではないでしょうか。これからはいい意味で互いに干渉せず、それぞれが家庭以外でも前向きになれる何かに打ち込みながら、思いやりの気持ちは持ち続けたいと思っています」

63歳の夫には3年ほど前から鈴木さんを通じて取材を申し込んでいたのだが、承諾してもらうことはできなかった。その代わり、夫婦、親子関係に関する質問に対してメールで返事をもらった。夫の了解を得て、回答の一部をまとめて紹介する。

〈家内に子どものことをすべて押しつけて、家族のことを十分に気にかけてこなかったことを反省しております。ただ言い訳にはなりますが、正確にいうと気にかけていなかったのではなくて、ある程度は気遣っていることをうまく家内と息子に伝えてこなかったのがいけなかったと思います。息子の［私立小学校］受験（［］内筆者）に反対したのは、公立のほうがいろんな家庭の子どもと友達になれていいと考えたからですし、家内の体調不良、これは奥田さんに質問されて初めて更年期だったと知ったのですが、顔色が悪くてイライラしているのは心配でした。（中略）

家内が密かに資格取得勉強をし、再就職する準備を進めていたのも驚きましたが、今思うと彼女らしい。定年後は執行役員にでもなって会社に残るという当てが外れ、勝手に定年後は家内と旅行にでもと安易に考えていた自分が恥ずかしくなります。（中略）今後の夫婦に明確なイメージは持っていません。ただ個々に仕事や趣味や取り組むものがあり適度な距離感を持ち、何とかうまくやっていければと考えております〉

3　別れを選び、再出発

†「婚外恋愛」の動機は夫の浮気

経済的理由から離婚を踏みとどまる女性が少なくない一方、パートナーを選び直し、人生を再出発するケースもある。人生100年時代に、熟年期の離婚、そして再婚は生き方の選択肢のひとつになりつつある。

「浮気」「不倫」といえば男性がするもの、と捉えられることがまだ多かった2001年、40歳の原聡子《はらさとこ》さん（仮名）に初めて取材した。テーマは、「婚外恋愛《こんがい》」だった。

それが、結婚している女性が行う不貞行為、つまり浮気、不倫であることは紛れもない事実なのだが、当の女性たちに「今、あなたが行っている行為は何ですか？」と尋ねると、ひと昔前なら、申し訳なさそうに言葉を濁すところを、「恋愛です」と悪びれる様子もなく、断言するケースが増えていた。私はそうした実態を踏まえ、婚外恋愛という言葉を使い始めたのだ。

自宅は千葉県内の高級住宅地にあるが、取材場所に指定されたのは東京都心のおしゃれなイタリアンレストラン。原さんは、高級ブランドのワンピースを身にまとい、毛先をカールさせたセミロングの髪の毛に、くっきりと引かれた黒のアイラインと当時流行っていたまつ毛パーマで目元はぱっちり。まるで女優が宣伝材料用の写真撮影に臨むような姿で登場した。かなり強烈な印象を受けたのだろう。取材ノートには彼女の外見や立ち居振る舞いが克明に記載され、インタビュー後にブランド名を確認した痕跡もあった。

婚外恋愛に走ってしまった理由について聞くと、原さんはためらうことなく、台詞《せりふ》を本読みで初披露する女優のように、声のトーンや言葉のニュアンスを自身の耳で確かめるかのように、所々に抑揚をつけながらこう説明した。

「主人の浮気が原因です。あ、んん、単身赴任中に若い女性と……。長男が私立中学を受験するものですから、有名な塾は東京と南関東に集中していますので、準備のために、私と子どもたちは関西の転勤先には伴わなかったのです。月1回の千葉への帰省以外、単身赴任先の自宅マンションを尋ねて会うことはほとんどなかったのですが、たまたま実家（九州）で親戚の法事があってその帰りにふと立ち寄ったら……んん、ピアスがベッドの下に落ちているのを見つけました。主人に確認したら認めましたので、そ、そういうことですね。私たちは、えへん……は、はぁー……」

最後のほうで原さんは突如として言葉を失う。そこだけ、台本のト書きにも書かれていない、生の感情が現れているような気がした。冷静さを保とうと必死に努めている姿が気の毒に感じられるほど、急速に表情が曇っていくのがわかった。

「ティラミスでも頼んで、少し休憩しましょうか。ここ、おいしいらしいですよ」と言って、ほんの数秒、メニューを見るために視線を外し、また戻した。そこにいたのは、まるで別人だった。唇の両端は下に下がって震え、鼻孔が膨らんでいる。片手には白のレース地のハンカチを握りつぶすように摑み、テーブルの上のある一点を凝視していた。思わず私まで言葉に詰まり、わずかの間、沈黙が場を支配していた。すると、彼女は声のトーンを落として、抑揚のないしゃべり方でこう言葉を継いだ。

「実は……私たち、も、不倫、だったんです。つまり……私は、俗に言う、略奪婚、をしたわけです。向こうにはお子さんもいて……。だ、だからこそ……私と主人は、もう絶対に、互いを裏切るようなことはしない、そう何度も約束した。誓い合った。なのに……」

涙は出ていない。だが原さんはかなり動揺し、怒りと悲しみに暮れているように見えた。

†「裏切りには同じ裏切りで罰を」

当初はここまで話すつもりはなかったのだろう。過去の不倫を思わず明かしてしまったことに戸惑いながらも、そうせざるを得なかったのだ。彼女の苦悩の深さを物語っているようだった。

しかし、だからといって、妻が夫と同じように不貞を働いていい、という道理はない。2時間近くに及ぶ取材で疲弊しきった様子の原さんにとって、酷な質問であることは重々承知のうえで、化粧室から戻った彼女に敢えてこう尋ねてみた。

「ご主人に裏切られた苦しみはとてもよくわかるのですが……厳しい言い方にはなりますが、不倫に不倫で、つまり裏切りに裏切りで返すというのは――すみません、取材に協力していただいているのに申し訳ないのですが――私には原さんの気持ちが十分に理解できないのです。改めて、説明していただくことはできませんでしょうか」

「わからないですよ」。間髪入れずに返ってきた。

「えっ？」

「だから、独身の奥田さんには、夫に裏切られた妻の気持ちはわからない、と言っているんです」

「申し訳ありません。失礼なことを申し上げてしまって……」

このあたりから、原さんは準備してきた台詞を読み上げる、女優のような物言いに戻った、と取材ノートにはある。

「え、へん。では、申し上げますね。不倫という裏切りの罪には同じ裏切りをすることによってしか、罰を与えられないのです。『目には目を、歯には歯を』というではありませんか。それに、私は今、『恋愛』をしているのです。主人と浮気相手のように性欲だけで結ばれた関係ではなく、心でつながっている。この関係性でも主人より、大きく優位に立っていると思います」

原さんは出会い系サイトで知り合った妻子ある同年代の男性と肉体関係になり、彼女曰く「恋愛」をしているという。そして、夫は妻のそうした行為に気づいているにもかかわらず、「知らないフリをしている」と断言した。

過度な報復を防ぐという「目には目を……」の本来の意味をはき違えている点は別として、取材対象者の苦悩を理解し、その心に寄り添うことを信条としている私にとって、彼女の言い分はどうにも受け入れることができるものではなかった。取材の帰り道、店舗の明かりが煌々《こうこう》と照らす街を彼女の発言を頭の中で何度も繰り返し、心に靄がかかったまま駅まで歩いたのを思い出す。

†次女の不登校で再び不穏な空気

原さんの話では、夫は浮気が発覚した時点で「ほんの一時《いっとき》の出来心だった」と釈明して謝罪し、「もう二度と、君を悲しませない」と誓ったが、その後も月に一度の帰省時などに再三にわたって妻の面前で頭を下げ続けたという。彼女のほうも、一度は妻子ある男性との婚外恋愛に陥ったものの、半年ほどでその関係に終止符を打ったらしい。夫の猛省と深謝に、再び夫を信じようと思い直したようにも見えた。

ところが、長男が第一志望だった私立中学校に入学した後、再び原さん夫婦の間に不穏な空気が流れ始める。

その予兆を感じ取ったのが、2006年のインタビューだった。それまでの東京都心とは異なり、この時初めて、千葉県の自宅最寄駅前のファストフード店を取材場所に指定された。女子高校生たちで騒がしい店に現れた原さんは、清潔感のある装いではあったが、無造作に髪の毛を後ろで一つに結わえ、化粧も控えめ。ファストファッション・ブランドで手に入るようなブラウスとスカート、カーディガン姿にフラットシューズと、カジュアルな装いだった。

「実は……3番めの末っ子、小学生の次女が不登校になってしまいまして……前は仲の良かった女子グループから無視されたり、ありもしない悪い噂を流されたりと、いじめを受けていたようなんです。主人は、2年前から東京本社に戻っているんですが、相談しても仕事を理由に何もしてくれなくて……。もう、どうしたらいいか、わからなくて……。主人はきっと、また浮気をしているに決まっているんです」

「ご主人が浮気とは……直接、確認されたのですか?」

「……いいえ……会話がないので……でも、そうに決まっています」

長男の中学受験が無事成功に終わったのも束の間、次女が大変な時期に夫が「何もしてくれない」のはさぞかしつらいことだろう。ただ、一方的に夫が浮気をしている、と決めつけるのもどうか。それ以前に夫婦の「会話がない」という発言が気がかりだった。

†「元妻と浮気」の衝撃

それからの数年間で原さん夫妻の関係性が次第に悪化していく様子が、彼女へのインタビューから浮かび上がってくるようになる。妻の怒り、夫の謝罪など、それぞれが思いを露にしていたかつてと比べ、互いに無関心なようでもあり、また冷え込んだ関係性へと変容しているようにも見受けられた。

一方で、長男と長女がいずれも本人たちが希望していた大学、高校に進学し、いじめを受けて不登校が続いていた次女も小学校よりは校区が広がる公立の中学校へと進んで、新たな友達と出会ったことで再び通学できるようになった。原さんは次女が中学校に進学して1年ほど経った頃から、約20年ぶりに働き始めた。短大を卒業後、8年間勤めた会社での経理事務の経験を生かし、近隣の都市にある専門商社にパートで勤務しているということだった。

夫婦関係の悩みは解決していないものの、こうした子どもたちの成長や自分が働き始めて環境が変わったことが、何か好影響を及ぼし始めているのではないか。連絡が途絶えがちで面会取材の頻度もかなり減った状態について、私は努めて前向きに受け止めようとしていた。それが勝手な思い込みであったことに気づくのは、彼女からの突然の連絡がきっかけだった。

2013年、仕事がひと区切りした時間に携帯電話をチェックすると、原さんから十数回もの着信履歴があり、メッセージは残されていない。彼女から電話をもらうことは珍しいうえに、異様な状況に思え、すぐに電話を入れた。

「奥田さん、た、助けてください。もう、わ、私は……耐えられない……」

電話口でそう振り絞るような声で語る彼女が、深刻な事態に見舞われていることは想像に易かった。詳細を尋ねたが、何も答えようとしない。翌日に会う約束だけして電話を切った。

仕事帰り、千葉県内の基幹駅前のコーヒーショップに現れた当時52歳の原さんは、紺のパンツスーツ姿で、ナチュラルメイクを施し、光沢を抑えたゴールドフレームのメガネをかけていた。

電話で話した際には、正式な取材申し込みをする余裕がなかったため、この場で改めてお願いして承諾を得た。

「実は……やっぱり主人がまた浮気をしていました……。そ、その相手が……元の、奥さん、だったんです。正式な報告書が昨日出来上がってきて、それを見たら……もう、頭がこんがらがってしまって……」

原さんは探偵事務所に夫の浮気調査を依頼し、平日の2日間、夕刻から深夜まで尾行が行われた。探偵事務所の調査報告書には、夜にホテルの一室に2人一緒に入っていったことが記載され、カラー写真も添えられていたという。原さんがメガネをかけているのを見たのはこの時が初めてで、表情を読み取りにくかったことはあるにしても、昨夜電話で話した時のように混乱した様子は見られない。たった1日で気持ちの整理がついたということなのか。

「何でいきなり探偵なのか、その前に何で今さら、お金までかけて浮気の証拠を摑みたいと思ったのか……自分でもよくわからないんです。強いていえば、夫とは事務的な最小限の会話しかしない状態がもう数年も続いていて、不安で悔しかった。でもね……矛盾するかもしれないですが、まさか初っ端《しょぱな》から浮気が見つかるとは思っていませんでしたし……何もないことを心のどこかで願っていたのも事実なんです……」

†「ダメ父・夫」との離婚計画

原さんは実は、浮気調査の報告書を持参していて、私に見てほしいと迫ったが、取材・報道倫理上、問題があると判断し、断った。そして少し間を置いてから、こう尋ねた。

「ご主人は何とおっしゃっているのですか？」

「さすがに今回は浮気はしていない、としらばっくれて……元の奥さんに、む、息子のこと、で……そ、相談、さ、れ、て……」

この段になって初めて、彼女は取り乱し、嗚咽した。休憩を挟み、興奮が収まるのを待った。その後、語ってくれた内容によると、「息子」とは夫が前妻との間にもうけた子どものこと。30歳間近のその息子が、職場の人間関係が原因で辞職して以降、求職活動もせずに自宅に引きこもっていることについて、再婚して現在の夫との間に子どももいる元妻から相談を受け、誰かに見られては互いに困るから、ホテルの一室を使用した、と夫は説明したという。

「次女の不登校の時だけじゃありません。子どもたちの進学とかで困っている時はいつも、仕事を理由に私の相談には十分に乗ってくれなかったのに……前の奥さんとの子のことについては親身になって、父親ぶるなんて……そ、そんなダメな父親、夫が許せません」

また気分が昂ぶりそうになるのをグッとこらえる。そうして、ほんのわずかの間、目を閉じて天井を見上げるような動きをした後、身体を私の正面に向き直し、背筋を伸ばしてこう話した。

「離婚、を考えています。子どもたちはまだ学生だし、私のパート勤務だけでは経済的に不安です。だから、主人が定年退職する時まで別れを言い出すのは延期するつもりです。年金分割だけじゃなくて、退職金をしっかりと財産分与してもらうには、定年まで待ったほうが確実だと、ネットにも書いてありましたので」

いつしか、いつもの明瞭な話し方に戻っていた。

†再婚で新たな世界へ踏み出す

2016年、55歳の原さんは自身が計画した通り、定年退職したばかりの夫と離婚した。別れた時期は、長男がすでに社会人となり、長女と次女もそれぞれ大学4年生と専門学校2年生で就職先の内定を得ていた。母親としてわが子3人の子育てや教育だけでなく、社会人への道筋を見届けた、自らの子離れの時期でもあったのかもしれない。

一人の女性としての転機は離婚だけにとどまらない。離婚から約1年後、再婚して新たなパートナーを得るという大きな人生の転機を迎えていたのである。

2018年、場所を東京郊外の自宅に移して行われたインタビューで、再婚を機に千葉県でのパート勤務を辞めて東京に引っ越したという原さんは、鮮やかな緑色のニットのワンピース姿で迎えてくれた。老眼でかけ始めたというメガネは縁なしのものに変わっていた。それまで20年近くに及ぶ取材では、ブランド服を身にまとって女優のような話口調だった時もあれば、カジュアルな装いで疲れ切って言葉に詰まる時もあったが、この時は外見だけでなく、表情や話し方も実に自然で、正直、安堵《あんど》を覚えたものだ。

彼女はリラックスした雰囲気でこう、再婚に至る経緯と思いを語った。

「離婚は計画通りでしたが、再婚は全く予想していませんでした。今の主人は、パートで働いていた会社に出入りしていた取引先の人だったんです。同郷だったこともあって少しずつ話をするうちに親しくなって……。奥さんを10年以上前に亡くして、子どももいなかったので、すぐに別れて自分のところに来てほしい、と言われていたのですが……自分で決めたことだし、経済的に少しでも余裕があるにこしたことはないと思って、前の主人の定年退職まで1年ぐらい待って、退職金の財産分与もしっかりと実行してもらいました。年金分割の取り決めもね。今、人生100年時代というのでしょ。これまでは悩みの多い半生でしたけど……一緒に新たな世界に踏み出すつもりで、2人で無理せずゆったりと楽しんでいきたいね、と主人とは話しているんですよ」

†「別れは前向きな選択」

今、原さんは東京郊外の自宅からほど近い場所にある建築設計事務所に、パートの事務スタッフとして勤務している。現在の夫は定年退職まで2年を残して退職し、先に早期退職した大学時代の友人が興した経営コンサルティング会社に再就職した。

子どもたち3人は離婚時にすでに成人していたが、長男は東京都内で一人暮らしをし、長女と次女は前の夫と千葉県内の自宅で同居し、家事など父親の面倒を見ているという。子どもたちとは年に数回、会う程度だが、「社会人として立派に頑張っていて、うれしい」と感慨深げに語り、活躍を見守っている。

一方で、前の夫は定年退職後は働いておらず、娘たちは「家《うち》の中でゴロゴロしていて、急に老《ふ》けてきた」と話しているらしい。

結婚生活27年で熟年離婚したことについて、2019年、改めて思いを聞いた。

「私にとっても、あの人（前の夫）にとっても、前向きな選択だったと思っています。一度は誓い合った2人が別れることになったのは残念でしたが、あのまま仮面夫婦で無理して一緒にいても、それぞれつらくて、お互いを傷つけ合うばかりだったのではないでしょうか。何か変なんですが、今になって、前の奥さんとホテルで会っていたのは、彼の言う通り、何もなかったんじゃないか、と思えてきたりして……。それに、私も離婚する前の2年間は夫以外の男性と恋愛していたわけで、悪かったなと。そう思えるようになったのも、今が幸せで心にゆとりが生まれたせいですかね。私もあの人も、それぞれが別れを選んでよかったと思えるようにこれからの人生を歩んでいかないといけない。子どもたちのためにも、今の主人のためにも。令和という新しい時代を迎えて、その思いがより強くなったように感じています」

そう柔和な面持ちで話すと、ほほ笑みを浮かべながら、現在の夫との旅行写真を見せてくれた。

4　後半生に夫婦で明暗

†「卒母」妻と「卒父できない」夫

改めて、「卒母」は女性の後半生の新たな生き方として、子離れ・親離れという親子関係だけで捉えられがちだが、私は夫婦関係の視座から見ていくことがより一層、重要であると考えている。それは夫婦の変容を物語る、妻の重大なライフイベントであるからだ。と同時に、妻が夫に突き付ける最後通牒《つうちょう》といっても過言ではない。

子どもが自立する時期を迎えた家庭において、仕事人間で妻子を顧みてこなかった夫の存在感はすでに薄れているケースが少なくない。妻にとって母親業を卒業するということは、自らを家庭につなぎ留めていた育児、わが子の教育という重責から解き放たれ、誰かのための人生と決別することでもある。その結果、夫をますます避けるようになったり、離婚を切り出したりする絶好の動機づけにもなり得るのである。

女性は母親として、妻として、長年にわたって懸命に努力し、困難を乗り越えてきた経験と自信があるからこそ、「卒母」によって、堂々と明日に向かって自分のための人生を歩んでゆくことができるのではないだろうか。

一方、男性はどうか。妻の「卒母」をきっかけに初めて、父親として、夫として、己の存在が希薄で、何も役目を果たせてこなかったことに気づく男性がいかに多いかということを、取材を通して思い知らされた。なぜ、もっと早く認識できなかったのか。そう自問する時にはすでに夫婦の溝が深まり、もう手遅れの場合も多く、深刻だ。

父親として十分に存在してこなかった、つまり父親としての務めを果たしてこなかったため、そこから卒業する「卒父」は意味をなさない。もしくは、本来は子離れすべき時期に逆に父親になろうと躍起になり、わが子への思いが空回りしたまま、「卒父」を実現できないケースもある。いずれにしても、虚しさだけが後に残り、妻からも、子どもからも取り残されたという孤独感、孤立感を抱いたまま、自立した後半生を送ることが難しくなってしまう場合が多いのが実情なのではないか。

†「卒婚」と熟年離婚

２０１８年11月、元有名力士・親方が23年連れ添った妻との離婚に関して発表したコメントに記載されていたため、「卒婚」が改めて脚光を浴びることになる。元親方は離婚することで、それぞれが新たな人生を前向きに歩んでいくという意味で使ったと推察されるが、実際には離婚と、婚姻関係を保ちながら互いに干渉せず、それぞれの人生を充実させてゆく「卒婚」は、似て非なるものである。

「卒婚」を実現するには、夫婦相互の信頼や愛情、思いやり、個々の精神的な自立などが必要となるが、逆にそうした互いを結びつけるポジティブな感情が失われたために、離婚に至るケースが大半だ。

ここで、結婚から離婚までの同居期間別に離婚件数全体に占める割合を見てみよう。厚生労働省の２０１７年「人口動態統計」によると、同居期間別で15年以上（15～20年未満から30～35年未満までの5年刻みと、35年以上の各区分の合計）が30・９％、20年以上が19・３％（同居期間不詳を除いた総数に対する百分率）と、それぞれ10年前の２００７年調査に比べ、４・１ポイント、２・５ポイント上昇している。離婚が最も多いのは同居期間５年未満（33・5％）で、離婚した夫婦の平均同居期間は11・5年。離婚件数が減っているなか、5年未満と5〜10年未満から15〜20年未満の各区分で減少傾向にあるのに対し、近年は20年以上の各区分で増加傾向にある。結婚後5年、10年の危機は何とか乗り越えたものの、仮面夫婦を続けることに耐え切れず、わが子の自立や夫の定年退職などを待って熟年離婚するケースも少なくないのである。

妻側から離婚を申し出た原さんの事例にもあったように、その後「熟年再婚」して新たな人生をスタートさせる場合もある。2016年の50歳以上の再婚者数は3万3038人（男女比6対4）で、1990年の1万6607人（同7対3）から倍増している（国立社会保障・人口問題研究所「人口統計資料集 2018」）。熟年期の再婚も人生100年時代における、夫婦像のひとつを象徴しているといえるだろう。

第5章
「幻想」を超えて

本章ではまず、家族と夫婦関係の変容について高度経済成長期から振り返った後、性規範や性別役割規範に囚われ、「幻想」を追い求めるがゆえに、隘路《あいろ》にはまり込んでしまう現代の夫婦のありよう、夫と妻（男女）それぞれのジェンダー特性や意識、行動などについて社会学や心理学などの知見を交えて述べる。そのうえで、負の要素を克服し、真の意味での絆を取り戻すための夫婦の再構築（リストラクチュアリング）の方策に関して、一人ひとりの心の持ちようから、労働・福祉など社会政策のあり方まで多角的に述べたい。

1 家族の変容と夫婦の不安定化

†戦後体制の解体からリスク化へ

「危機」「衰退」「崩壊」……。家族、夫婦を巡る言説は、時代とともにネガティブな様相を強めてきた。家族の要《かなめ》であり、人間関係、社会の最小単位でもある夫婦は、景気動向や雇用情勢、さらに女性の社会進出、男性の育児参加への意識の高まり、晩婚・非婚化、少子・高齢化といったライフスタイル、人口動態などさまざまな社会構造、社会意識の影響を受けながら変容を続け、注目を集めない時などないと言っても過言ではない。

家族社会学者の落合恵美子は、1994年初版の『21世紀家族へ』の中で、来たる新世紀の家族のゆくえについて明るい展望を描いてみせた。落合によると、夫が公共領域、妻が家内領域という性別役割分業と子ども中心主義、集団性の強化などを特徴とする20世紀近代家族による「家族の戦後体制」は、高度経済成長期が終焉《しゅうえん》を迎える第一次オイル・ショックを機に1975年から崩れ始めたという。そして、「個人を単位とする社会」への変容を指摘し、そうした状況下で21世紀家族を築いていくのだと締めくくった（落合 1994、1997、2004）。

しかしながら、21世紀に入ってから今に至るまで、夫婦・家族は一条の光を見出《みいだ》すどころか、ますます混迷を極め、明日を占うことすら難しくなっているのが現実ではないだろうか。

家族社会学者の山田昌弘は、落合が家族の戦後体制が崩壊し始めた年とした1975年から、1990年代初めのバブル経済の崩壊を経て1998年までを、夫が仕事、妻が家庭という性別役割分業のもとで豊かな家庭生活を目指すという「戦後家族モデル」の修正期、すなわち、妻のパート労働や結婚を先延ばしする未婚者の増加などで、辛うじて戦後家族モデルを維持していた時期と見なした。そのうえで、自殺者数が急増し、雇用情勢が深刻化し、また児童相談所での児童虐待相談対応件数も増加するといった、「家族」に関連した複数の指標が大きく負に転じた1998年を境に、戦後家族モデルの解体が始まったと分析する（山田 2005）。そして、落合の将来展望とは対照的に、夫の収入の将来予測がつかないことで夫婦関係が不安定になっている状況を指摘し、「現在の生活が安定していたとしても、将来の生活が安定しているという保証にはならなくなっている」家族のありさまを「家族のリスク化」と呼んだ（同 222頁）。

このリスクは家族形成そのものの困難、すなわち晩婚・非婚化の進行としても現れる。例えば、収入が一定の高さになるまで結婚を先延ばしにしようとしていた未婚男性は、収入が増えて安定する可能性が低いために結婚できない。と同時に、未婚女性も豊かな生活を保障してくれる男性と出会う確率が減るために結婚できないという事態である（近年は逆に、女性に経済力を求める男性が増えるという現象も起きている。奥田 2018参照）。

残念ながら、リスク化した家族、その中核をなす夫婦の状況は今も、変わらない。それどころか、なおいっそう深刻化していると、長期にわたる数多《あまた》の男女へのインタビューを通して痛感している。

本書第1章〜第4章では、ライフスタイルの違いや子どもがいるかどうか、さらに子どもが成長した後の変化などに着目し、夫婦のあり方について事例を紹介しながら考察してきた。それぞれに特有の事情や問題背景はありながらも、夫婦関係が、妻の仕事と家庭の両立や夫の育児参加といった課題から、子どもの学校生活や就職活動、親の介護まで、家族のあらゆる問題に影響を及ぼしている点は共通している。すなわち、夫婦のリスク化は、子どもの有無や、ともに過ごした歳月の長さなどに関係なく、進行しているのである。

†配偶者に期待する愛情の水準が上昇

ではなぜ、依然として夫婦は不確かなままなのか。その答えを導き出すひとつのカギが、夫婦の情緒関係の不安定化である。本書で紹介した事例でも頻出したが、夫婦の間に亀裂が生じるきっかけは多様であっても、関係に溝が深まっていくプロセスにおいては決まって、互いの会話の頻度、時間が減り、最終的にはコミュニケーション不全にまで陥っているケースが大半を占めることがわかった。だが、戦後家族モデルが成熟した高度成長期において、ディスコミュニケーションには至らなくとも、夫婦の会話が今よりはるかに多かったとは考えにくい。

山田は夫婦がつながりにくくなっている要因について、情緒関係が不安定化したことを挙げ、それは配偶者に期待する愛情の水準が上昇したためと指摘している。つまり、戦後家族モデルでは明日の生活が豊かになることが共通の目標であり、愛情が曖昧《あいまい》であっても疑念を抱かず、夫婦が互いに役割を果たすことで、会話がなくても依存し合っていることが愛情であると思い込むことができた。だが、ある程度生活が豊かになり、もうそれ以上生活水準の上昇が見込めなくなると、ただ一緒に生活しているだけでは情緒的に満足できず、自身の役割を果たすよりも多くのことを、また深いことを配偶者に求め、また求められるようになる。その欲求を満たす手段のひとつが、コミュニケーションだという（山田2001、2005）。

現代を生きる夫婦は意識して十分にコミュニケーションを図るよう、ともに努力しなければならないのだ。宝くじにでも当たらない限り、大幅な生活水準の上昇が見込めない状況で夫婦が共通の目標を失った今、配偶者を満足させられるだけの円滑で頻度の高い会話を交わし、深い愛情を注ぎ合い、レジャーなどを通した感動体験を共有するといった情緒関係の安定化がどれほど大変な作業であるか、言うまでもない。

†家族の個人化とアノミー

家族、夫婦関係の不安定化要因として、個人化を指摘する見解も根強い。個人化は経済から政治、社会全般に至るまで幅広い領域で論じられてきたが、日本の学術界で新たな家族の方向性を示す概念として議論されるようになったのは、1980年代からである。

家族社会学者の目黒依子は「個人化する家族」という概念を打ち立て、「家族生活は人の一生の中で常にあたり前の経験ではなく、ある時期に、ある特定の個人的つながりをもつ人々とでつくるもの」であると述べた（目黒 1987：iv頁）。

家族の個人化について、落合は理念としての個人主義ではなく、「システムが否応なく個人を単位とする方向へ変わりつつある」と捉えた（落合 1994：243頁）。山田は、「家族関係自体の選択不可能、解消困難性を保持したまま、家族形態や規範、行動等の選択可能性が増大するというプロセス」と、「家族関係自体を選択したり、解消したりする可能性が増大するプロセス」という質的に異なった2つの概念を挙げた（山田 2004：344頁）。

家族とはもはや、当然のごとく形成するものではあり得ず、個々人が確固たる意志をもって初めて獲得するものになってきているといえるだろう。

近代社会はそもそも、個人化が進展する社会である。ドイツの社会学者、ウルリッヒ・ベックは、現代社会の個人化の特徴は「リスク化」であると述べている。ここでいうリスク化とは、従来は安全・安心と考えられてきたものがリスクを伴ったものになることを意味する。個人化により多くの局面において自己選択の対象となった分、選択に失敗する機会も増えたことになる。ただ、1980年代までの近代社会では、家族や地域共同体、企業社会といった領域では個人化が限定されており、この時期をベックは「第一の近代」と呼んだ。そして、1990年代以降、家族などにも個人化の波が押し寄せることになる。これが今に至る「第二の近代」である（Beck 1986＝1998）。

家族の個人化が、落合が指摘するシステムの変容であり、ベックのいうところの「第二の近代」なのであれば、それは避けて通ることのできない時流に沿った家族のかたちである。人々はそうした社会において、自身の人生を自身で選択するメリットを享受したうえで、そのリスクとも向き合い、闘っていくしかないのである。

後期近代を「流動化（液状化）」という社会状況と位置づけて分析しているポーランド出身の社会理論家、ジークムント・バウマンは *Liquid Modernity* の中で、近代の変貌《へんぼう》について、グローバル化が進展するまでの固形的近代では、ある伝統が解体されれば、新たな伝統がそれに取って代わったが、現代の流動的近代では、新たな伝統が構築されることはなく、伝統の解体だけが進んでいると分析した。そして、政治経済から労働、結婚、人間の絆まで、流動化した社会のありさまを繊細に描いてみせた（Bauman 2000＝2001）。

夫婦の変容には、家族の伝統、つまり戦後家族モデルが崩壊しただけで、その時代と人々に合った新たなモデルが創出されないまま、夫婦の絆が流動化、弛緩《しかん》し、混沌《こんとん》とした状態が出現していることも影響しているといえるのではないか。

ちなみにこうした混迷状態は、フランスの社会学者、デュルケームが社会学概念として提唱した「アノミー」（社会の規範・規制が弛緩、崩壊した時に生じる混沌状態）に相通ずるものがある。デュルケームは1897年に著した社会学の古典的名著『自殺論』（宮島喬訳、中公文庫ほか）の中で、経済の危機、または急成長など社会変動によって人々の欲望が無制限に高まった時に生じる、欲求と価値の攪乱《かくらん》状態をアノミーとした。社会変動による伝統的秩序の崩壊と欲求の急速な増大というアノミーの原因論から、現代社会における夫婦間の期待値の上昇や、次に触れる承認欲求の高まりを捉え直すこともできるだろう。

†承認欲求と結婚願望

これほどまでに負の要素が増大しているにもかかわらず、夫婦になることを欲する人たちは今も後を絶たない。人と人とがつながることが困難な時代に、そのリスクを踏まえてもなお、人々は承認欲求を満たしてくれるパートナーの存在を、夫婦の固い絆を求めているのではないか。これは結婚したい意思はあるものの実現できていない独身男女と、現に危機に瀕《ひん》している夫婦の双方にいえることである。

国立社会保障・人口問題研究所の第15回「出生動向基本調査」(2015年)によると、「いずれは結婚するつもり」と回答した未婚者(18〜34歳の一度も結婚したことのない人)は男性85・7%、女性89・3%と前回2010年の調査に比べ、それぞれ0・6、0・1ポイント微減したものの、高い水準にある。

結婚を希望する未婚男女が、依然として高い割合を占める要因は何なのか。まず、承認欲求の観点から考察したい。

米国の心理学者、アブラハム・マズローは、人間の欲求とは生理的欲求、安全の欲求、社会的欲求、承認欲求、自己実現欲求——という5段階のピラミッドのように構成されており、低階層の欲求が満たされると、次に高い階層の欲求が現れるという。社会的欲求までの3段階を外的に満たされたいという低次欲求、承認欲求からの2段階を内的な心を満たしたいという高次欲求と見なした（Maslow 1970＝1987）。

現代の日本を含む先進国では、物質的に豊かになり、社会が成熟したことで、高次の欲求を満たしたいと考える人が多いと考えられる。

他者・周囲から価値ある人間として認められたいという承認欲求は、家庭や職場、広く社会などさまざまなシーンで、個人間や集団内で湧き起こる感情だが、中でも、配偶者ら家族への承認欲求が満たされるかどうかはアイデンティティ（自己同一性）とも直結し、人間が生きていくうえで非常に重要な要素だ。なぜなら、自分を必要とし、大切にしてくれる存在であり、経済面や生活面、心理的面でも親密な関係にあるからである。配偶者への承認欲求が満たされず、アイデンティティの喪失に陥ってしまう男女は多い。言い換えれば、人はパートナーからありのままの自分を受け入れて評価してもらい、愛されているという実感を得たいがゆえに、結婚願望を保持しているといえるのである。

†つながれない時代に親和的承認を求めて

次に承認欲求と、SNS(ソーシャル・ネットワーク・サービス)などソーシャルメディアが隆盛する現代社会の関係性から、夫婦の絆を欲する人々の心理に迫る。

心理学、哲学が専門の著作家、山竹伸二は承認欲求について、家族などからの「親和的承認」、会社の同僚や学校のクラスメートら所属集団からの「集団的承認」、不特定多数の一般社会からの「一般的承認」の三つのレベルに分け、自らの存在価値を保持できないのではないかという承認不安が広がっているという。親和的承認が基本的に無条件の「存在すること」への承認であるのに対し、集団的承認は所属集団で求められる役割をこなし、高いスキルや知識を保持していることなどで集団内から得られる評価、一般的承認は人の役に立つ、社会に貢献するなど普遍的な価値があると認められることだ(山竹2011)。

これを、新聞、テレビ、出版などのプロフェッショナルなマス・メディアと、SNSやインターネット上のブログなどパーソナルなメディアが、互いに影響し合いながら、情報の受け手(オーディエンス)が発信者にもなり、なおいっそう能動的になって情報が逆流・循環するという、現代社会のメディア事情に照らし合わせて考えてみたい。

ＳＮＳなどを介した情報のやりとりにおいて、人は集団内、一般社会双方からの承認を求めているといえる。しかしながら、このような人と人との関係性はつながっているように見えて、実際には分断も招いているのだ。エコーチェンバー現象（ネット上の閉じたコミュニティで同じ意見の人同士でコミュニケーションを重ねることで、自分の意見だけが増幅・強化されること）、フィルターバブル（検索サイトのアルゴリズムのフィルター機能により、自分が知りたい情報しか見えなくなること）といった状況はまさに、分断を象徴しているといえるだろう。

ソーシャルメディア利用者の多くは、その関係性が実は不安定で不自然であるだけでなく、自身に不安や空虚感、嫌悪までも招くリスクがあることを認識している。だが、異を唱えることで承認を得られず、除《の》け者にされることへの不安もあり、いびつなサークルから抜け出すことができないのだ。

つながりを広げたようで、実は数々の分断をもたらしているネット時代に、人々は真につながれる親和的承認を得るため、「夫婦」を追求しているとも考えられる。

†夫婦「幻想」と再構築

夫婦がともに承認欲求を満たすことができず、その関係性が不安定化している現代社会において、人は夫婦「幻想」を追い求めるようになる。幻想という膜を張ることによって、目の前にある現実とのギャップを補おうとするのである。

バウマンは、「想像上の家庭にある、夢のような安心・安全を、いまの人たちは容易に手にいれることができない」ため、それを求めて幻想に逃避すると分析する（Bauman 2000＝2001：222頁）。

また、米国の社会学者、アーリー・ホックシールドは、現代社会で時間に追われて暮らすなかで、十分なコミュニケーションがとれない家族が、幻想の中に理想的な家族をつくり出そうとする傾向を指摘した（Hochschild 1997）。

しかし、人は幻想だけでは生きてゆけない。だから、本書の事例にも見られるように、表面的に夫婦のかたち・関係性を維持するため、ありのままの自分を抑え、また自己を偽り、配偶者から求められている夫像・妻像を演じてしまうのだ。そうして、夫婦ともに配偶者が仮面を被《かぶ》っていることに気づきながらも、知らないフリを決めつけているケースは意外にも多い。

こうした「幻想」という呪縛から解き放たれ、夫婦がともに現実と向き合いながら、互いに求め過ぎず、またその欲求に応えられないプレッシャーを抱え込まず、現実世界の家庭で安心と安定を確保した関係性を保持していくためには、夫婦のリストラクチュアリング（リストラ）が不可欠である。どのようにして夫婦のリストラを進めていけばいいのかについては、本章終盤で詳しく述べたい。

2　さまよい、孤立する夫

†静的な夫と動的な妻

現代社会において、夫婦のあり方や配偶者に対する理想とのギャップに戸惑い、苦しむがゆえに現実から目を背け、「幻想」に陥ってしまう傾向は、夫も妻も共通している。一方で、幻想の中に実現不可能な理想を追求し続ける過程で、夫と妻それぞれに現れる特徴は大きく異なり、対照的ともいえる。

その特徴点を端的に表現すると、さまよい・逃避・孤立する夫と、憤り・積極的・活動的な妻である。夫は後ろ向きで静的、妻は前向きで動的な様相を呈している。

このような状態のまま推移すれば、人生100年時代の後半生の大きな節目である、夫が定年退職を迎えた時期などに、コミュニケーション力や地域を中心とした人的ネットワークを蓄えてきた妻のほうが、職場以外の場での社会参加や人間関係に乏しく、妻や子どもなど家族とのコミュニケーションも希薄な夫よりも、優位に立つことは言うまでもない。「幻想」を超えて、夫婦の間で明暗を分けることなどなく、ともにポジティブにこれからの人生を歩んでいくために必要なのが先述した夫婦のリストラである。そのために夫と妻双方が心がけるべき点や、社会がなすべき対策などについて述べる前に、性規範や性別役割規範の影響など、さまざまな角度から夫と妻（男女）の特徴を整理しておこう。

†孤独より深刻な「孤立」

「日本人は世界一、孤立している」――。『男という名の絶望』（奥田 2016）で経済協力開発機構（OECD）が2005年に公表した調査結果を紹介し、分析したところ大きな反響があった。ＯＥＣＤの調査発表からある程度時間が経っており、研究者としては自明の事実と捉えていた面もあったのだが、改めて一般のオーディエンスにわかりやすく研究成果を伝えることの大切さを思い知らされた出来事でもあった。その後、同調査は一般書でもたびたび引用されるようになり（私の分析まで紹介していただいたのは、評論家の楠木新氏だけだったが）、「孤独」とタイトルのつく書籍の出版が相次ぎ、「孤独」ブームともいえる状況が今のところ続いているのは周知の通りである。

調査結果の内容に話を戻そう。ＯＥＣＤの*Women and Men in OECD Countries*の評価項目"Social Isolation"によると、日本人男性は、調査対象の21か国（いずれもＯＥＣＤ加盟国）のうち、「最も社会的に孤立している」という。具体的には、仕事以外の日常生活において、友人や職場の同僚とスポーツや教会、文化的なサークル活動に参加した経験を尋ねたところ、日本人男性は「全くない」と「ほとんどない」の回答を合わせて16・7％と最も多い結果となったのだ。次に多かったチェコ人男性（9・7％）を大きく引き離しており、調査対象国平均（6・2％）の2・7倍に上り、米国人男性（3・8％）と比較してもその多さが目立っている（図表1）。

この調査でいう"isolation"は、英和辞典では大半が「孤立」に加えて「孤独」も記載し

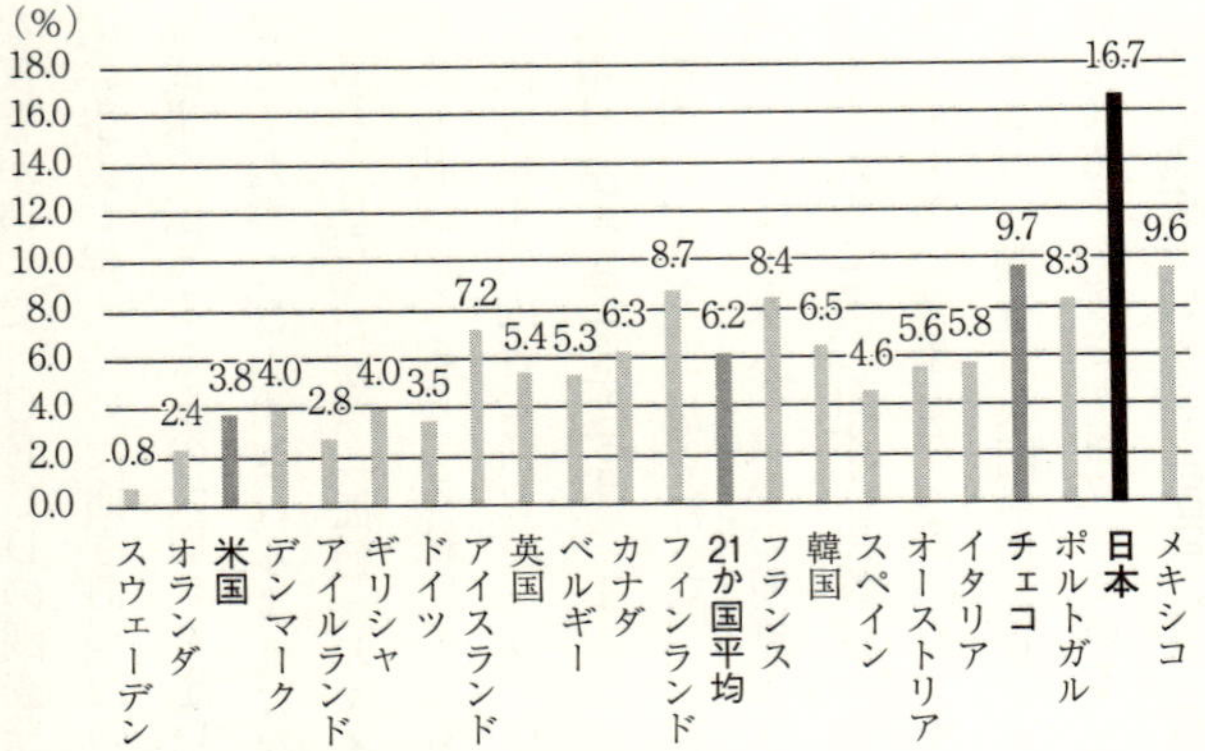

図表1　男性の「社会的孤立」に関する国際比較
出典：OECD *Women and Men in OECD Countries* の評価項目 “Social Isolation” より

ているが、英英辞典での語意も踏まえて厳密にいうと、環境的な意味合いの「孤立」である。

今の「孤独」ブームでは孤独が美化されている面も否めないが、それは別としても、孤独（近年、世間一般でよく言及されている孤独は、孤独感という内面的な意味合いが強い）は人間誰しも経験することであり、それを乗り越えていける精神力を備えていれば、また努力してそれだけの精神力を身につけさえすれば、自力で克服することが可能だ。これに対し、孤立は、本人の力だけではどうすることもできない限界点を暗示していると、私は考えている。つまるところ、孤立は孤独よりも何倍も深刻なのである。

†仕事第一主義のツケ

男性の「孤独」が顕在化するのは、楠木（2017）の指摘する通り、定年退職後ということになるだろう。だが、それは妻など身近な人間だけでなく、周囲の誰から見てもそうとわかるほど顕著に現れるのが「定年後」ということであって、正確には定年を迎えるずっと以前からすでに、男性は孤独を感じ始めている。そうして、いつからか、それは「孤立」へと深刻化していくのだ。

なぜ、男性は孤独、そして孤立に陥りやすいのか。大きな要因は仕事第一主義である。高度経済成長期に成熟した「男は仕事、女は家庭」という性別役割分業は、「一家の大黒柱」として家庭での〝権威〟を保証する代わりに、妻子を養うために仕事に身を投じる重責を男たちに課し、男性と仕事を物理的にも精神的にも密着させた。仕事中心の男性が、職場以外の場での人間関係が乏しくなるのは当然のことともいえる。

一家の大黒柱として働いて稼ぐことで自らの存在価値を高めるばかりか、保持することすら叶わず、夫婦の関係性がリスクを伴ったものへと変容している今、妻はもはや安心を与えてくれる確固たる存在ではあり得ない。女性の社会進出が進み、さらに近年の女性の管理職登用など「女性活躍」政策の推進は男性にとって、自身が目指す「男らしさ」という性規範の達成を揺るがし兼ねない動きとなっている。

「妻子のためを思って、仕事に精を出してきたのに……」。妻とも子どもとも十分に心通わすことができず、家庭に居場所のない男たちが、決まって漏らす言葉だ。だが、その胸中を妻や子どもが知らなければ自分たちへの無関心と映る。「家族に良かれと思って」やってきたことも、妻子が望んでいなければ、ただの身勝手な行動に過ぎない。

仕事一辺倒で家庭を顧みてこなかったツケが回ってきたかのごとく、男たちの心はさまよい、孤独感が募り、やがて孤立化していくという悪化の一途をたどっているように見える。

†父親であることからの逃避

家庭に居場所がなく、妻や子どもと精神的にも物理的にもつながることが難しくなっている男性の複数あるネガティブな様相の中でも、顕著に浮かび上がってくるのが、父親として、目の前の現実と正々堂々と向き合うことができず、ただ逃げ惑う姿である。

父親が仕事に多くの時間を割いているために、子育てに十分に関われないことは特段、今に始まった現象ではない。むしろ、かつてのほうが、父親として育児や一緒に遊ぶなどわが子と共有する時間に乏しく、そうしようとする意識も低かったのではないか。だが、それにもかかわらず、古き良き時代の父親には、妻子にとって精神的な支柱として家庭での確固たる存在感があった。

片や、現代社会の父親たちにおいては、実際に実現できているのは少数派ではあっても、子育てに関わりたいという意識は明らかに高まっている。内閣府の2014年「女性の活躍推進に関する世論調査」では、男性が家事・育児を行うことについて（複数回答可）、男性の回答は「男性も家事・育児を行うことは当然である」が58・0％と最も多く、「男性は、家事・育児を行うべきではない」はわずか3・0％に過ぎなかった（図表2）。

では、何が違うのか。父親に期待される水準が上昇したことが、今男性が父親として思い煩い、答えを見つけられないまま、現実から目を逸らしてしまう大きな要因になっているのではないだろうか。

家族社会学者の石井クンツ昌子は戦後以降の父親像について、高度経済成長期に確立した「父親不在」、1990年代以降の「父親再発見」、2000年代後半からの「育メン」現象——の三つに分類している（石井 2013）。

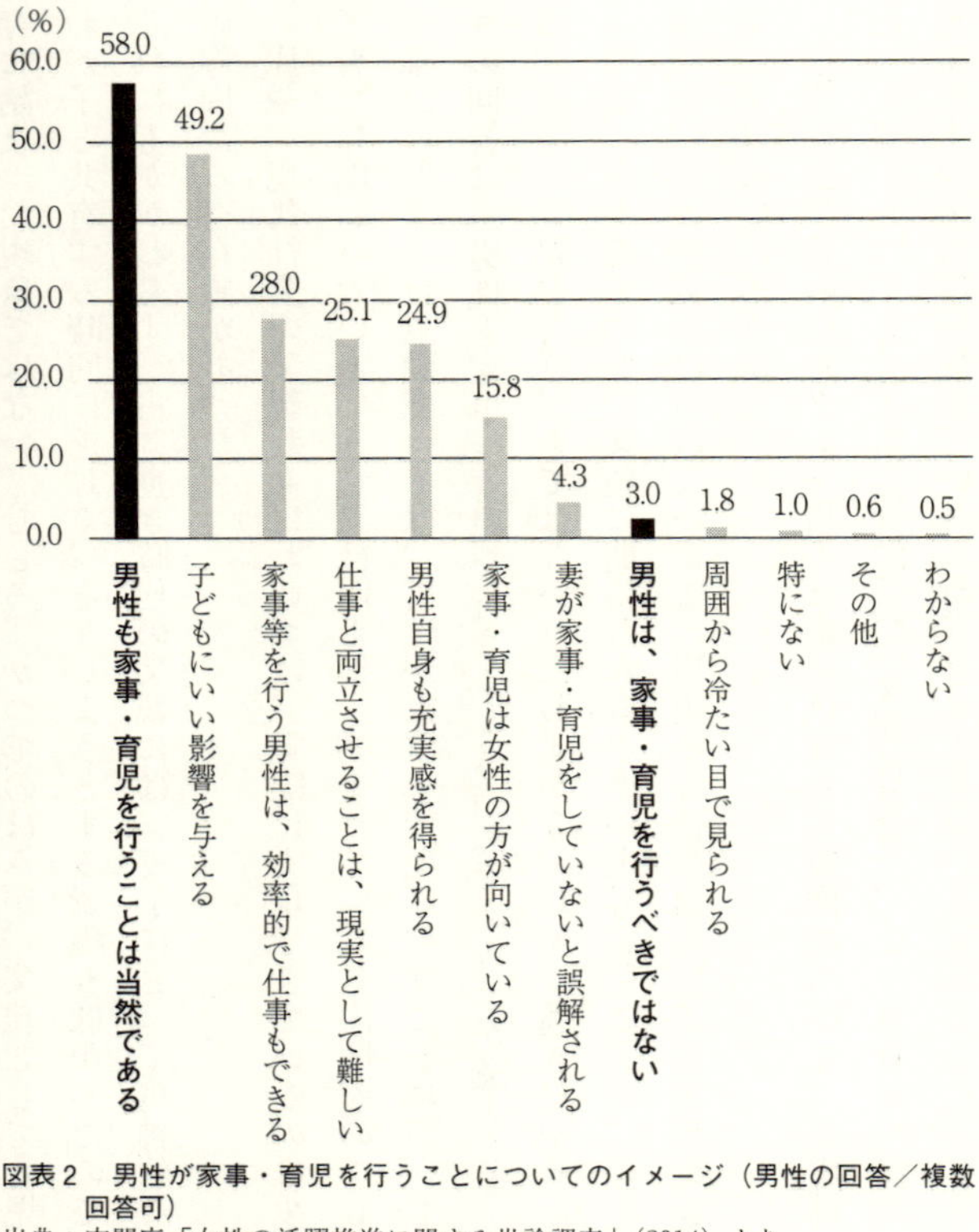

図表2　男性が家事・育児を行うことについてのイメージ（男性の回答／複数回答可）
出典：内閣府「女性の活躍推進に関する世論調査」(2014) より

石井によると、高度成長期は、男性が企業体制に組み込まれたことで長時間労働が一般化した結果、家庭における「父親不在」が問題となったが、父親自らもわが子が父親に対して抱く尊敬の念を保持するため、ある程度距離を置いた関係を保ち、その代わりに母親が父親の良いイメージをわが子に伝える努力をしていたという。

１９９０年代以降の「父親再発見」の時代は、少子高齢化という深刻な社会情勢とともに、社会学や発達心理学など学術研究分野や論壇などにおいて、父親の役割が注目されるとともに、林道義の『父性の復権』（１９９６）に関する論議を交えながら、父親役割に関する考え方の多様性がより鮮明になった時代でもあった。ちなみに、父親の役割は家族を統合し、社会のルールを教えることであるなどと説いた林の父親論は、女性の社会進出、男女共同参画を標榜する時代背景も影響し、男性優位社会を助長するなどとして、さまざまな議論を呼んだ。だが、母子密着を防ぎ、子どもに社会性を身につけさせるという父親の役割が見直されるきっかけになったという点において、一定の評価を受けてしかるべきだろう。

そうして、現在に至る「育メン」現象の時代である。「イクメン」は「育児を楽しむ、格好いい男」の意味から生まれたとされ、男性の子育て参加や育児休業取得の促進などを目的とした「イクメンプロジェクト」なる厚生労働省の施策にも使われるなど、今では社会に広く浸透している言葉だ。父親の育児参加を推し進める気運が高まるなかでの父親像である。

†「父親不在」で「卒父」できない

石井のいう高度成長期の「父親不在」と、今のそれとは本質的に異なる。高度成長期は子どもと過ごす時間があまりないという物理的な意味での「不在」であるのに対し、現在は物理的な面だけでなく、精神面においても父親の存在価値が薄れているケースが多い。さらに、かつてとは逆に、母親が意図的かどうかは別として、わが子に父親の負のイメージを植え付けていることもままあり、母子密着の度合いも増している。これは非常に深刻な問題である。

父親に求められる役割がレベルアップし、ますます実現可能性が低くなっている状況下で、仕事を優先し、わが子のことは妻任せにしても、父親として承認され、尊敬までされていた往時の父親「幻想」へと逃げ込んでしまっている男性がいかに多いかということを、取材を通して実感した。

妻任せの父親はもはや通用しない時代を迎えている。そして、昨今のブームのようにもてはやされた「イクメン」は、男たちにとって心理的圧力となって重くのしかかっている。私はこのような現象を『男性漂流』（奥田　２０１５）の中で「イクメン・プレッシャー」と呼んだ。

わが子の自立を促すためにも、父親の役目は欠かせない。それは物理的な関与の大きさに限ったことではない。そもそも、長時間労働の是正など働き方改革が道半ばであるなかで、「イクメン」を具現化できている父親は極めて少数なのだから。子育て期にいかに父親としての己と真摯に向き合い、わが子のことを気遣い、でき得ることを精一杯努めてきたか、が今問われているのだ。このプロセスで妻の協力は欠かせず、夫婦関係が良好でないと父子関係もうまくいかないことは数多の取材事例が証明している。

現に、仕事第一主義で家庭を顧みてこなかった父親たちが、わが子が大学生など一定の年齢に達したり、就職したりして親元を巣立つ時に、逆に「子離れ」できないという問題も起きている。父親の役割をしっかりと果たしてこなかったために、父親の務めから卒業する、つまり「卒父《そつちち》」などできるわけがなく、自身が人生の次のステップへと進んでいけないのだ。こうした父親としての姿勢・あり方が、夫婦関係においても悪影響を与えているのである。

第4章の事例でも紹介した通り、「卒母《そつはは》」を果たし、新たな自分のための人生を歩み出す女性が続々と出現しているのに対し、男性は前へと歩を進める妻子から取り残され、充実した残りの人生を送ることが難しくなってしまう場合が少なくないのである。そんな状態では、近年、メディアで取り上げられることも増えた「卒婚」（婚姻状態を続けながら、互いに干渉せず、それぞれの人生を歩む夫婦の新たな形態）など、実現できるわけがない。

男を悩ます「らしさ」の呪縛

そして、男たちを悩ます根源が、男はこうあるべき、こうしなければならない、こうしてはならない——といった「男らしさ」の性規範である。そもそも性規範を包含する社会規範とは、社会や集団の成員たちに遵守《じゅんしゅ》が求められている、または期待されている態度や行動、考え方であり、法から道徳、慣習、流行まで含む幅広い概念だ。明文化された刑法によって、罪を犯せば罰せられるという明確なものもあれば、成員たちに内在化された価値体系によって、規範から逸脱することで一定の制裁や無言の圧力が加えられるといったあいまいな次元のものもある。

性別によって役割を配分、固定する性別役割規範も、性アイデンティティを自認するためにある性規範も、その時代における社会の成員の価値体系として広く共有されていれば、表面的には、社会規範ということになる。

ところが、社会規範が複雑で悩ましいわけは、人々がそれを守ろうとする意識、つまり規範意識を巡って本音と建前が混在するためで、男女を長年にわたり継続取材してきたなかでそれを痛いほど思い知らされてきた。例えば、女性の社会進出が進み、ワーク・ライフ・バランス（仕事と生活の調和）の重要性が声高に叫ばれている今日、職場など公的領域で「夫は仕事、妻は家庭」を断固として主張する男女はおそらく皆無だろう。そんなことをすれば、時代錯誤だと苦笑され兼ねないからだ。しかしながら一方で、心の中では密かに伝統的な性別役割分業を志向しているケースは、男性だけでなく、女性も含めて少なくないのだ。

こうした性や性別役割分業に関する規範を、無批判に内在化する傾向は、女性よりも男性に根強い。今どき、夫が一家の大黒柱として家族を養うことで妻子から敬われ、育児協力も一切せずにわが子のことは妻任せ、など通用しない。仕事で常にパワーゲームに勝ち続けることなど、景気が回復期にあっても、企業がいったん減らしたポストを復活させるなど人件費を拡大することに慎重な昨今では無理だ。家庭でも職場でも、もはや伝統的な性規範を実現するのが難しいことを男性は重々、自覚している。それだけに逆に、「男らしさ」の呪縛から抜け出せず、性規範の「幻想」に陥ってしまうのである。

†新モデル不在で生きづらい局面

オーストラリア出身の社会学者で男性学・男性性研究の権威、レイウィン・コンネル（女性への性転換者で、出版時は男性名のロバート・ウィリアム・コンネル）は *Masculinities*（1995）の中で、従来、対女性の構図で単一の集団として議論されてきた男性について、その複数性、多様性と男性間の相互作用に着目し、社会で主流とされている男らしさを「覇権的男性性」、これに対して非主流を「従属的男性性」とする概念を構築した。

これを日本の家庭や職場における男性のありように当てはめて考察すると、覇権的男性性の保持者は、「出世競争の勝者」「妻子にとって経済的、精神的な支柱」「冷静沈着で弱音を吐かない」といった伝統的な「男らしさ」の規範の具現者である。これに対し、従属的男性性の保持者はそれらを実現したいと願いながらもできない男性、すなわち規範から逸脱した男性ということになる。私は取材、研究活動を通して、この他者や社会から〝落伍者〟の烙印《らくいん》を押された男たちが、今では多数派になっていると考えている。
「『鎧』を捨てて、自由に生きよう！」――。社会学者の伊藤公雄は1990年代前半、日本でのメンズリブ（男性解放）運動を牽引することにもなったメッセージを社会に投げかけた。伊藤は「〈男らしさ〉という鎧は、何よりも、自分の空虚さを、他人の視線から守るためにあった」と性規範を批判し、仕事一辺倒の生活からの脱却、すなわち、「自由」と「自分らしさ」の重要性を訴えたのだ（伊藤1996：80頁）
伊藤が提示した理念は、今にも通ずる意義深いものである。だが、メンズリブはその後、ウーマンリブ（女性解放）運動のような大きなムーブメントには至らなかった。その要因のひとつとして考えられるのが、旧来の「男らしさ」の規範に疑問を抱いてきた男性には支持されても、伝統的な性規範を支持して受容したうえで、それを具現化できずに思い煩っている多数派の男性のつらさには十分に寄り添えなかったのではないかという点だ。また、自分らしく生きるべき、というのは崇高《すうこう》な理念ながら、当事者の男性たちにとっては容易なことではない。
先述したマズロー（1970＝1987）の5段階の人間の欲求によると、最終段階の「自己実現欲求」は、そのひとつ前の段階の「承認欲求」をクリアした後に現れる。他者評価を十分に受け止めることなくして、たどり着くことは困難である。現代社会において、男性の多くが承認欲求の段階でつまずき、次の段階へと前進できずに漂流している。そんな男たちにとって、自分らしさの実現はなおいっそうハードルが高く、さらに自身を追い詰めることになり兼ねない。

新たな家族モデルの不在によるアノミー状態と同様、男性は今もなお、伝統的な「男らしさ」に代わる新たなモデルが出現していない状態のまま、ある場面では本音の部分で昔ながらの規範を男女双方から求められ、また別の場面では建前の部分で時代錯誤などとして伝統を否定されるという、非常に生きづらい局面に立たされているのである。

3　憤り、活動的な妻

†「二重役割」による女性の負担増

性規範や性別役割規範の観点から考えると、一見、男性のほうがそうした規範の呪縛への悩みが深く、社会からのプレッシャーも大きいようでもある。しかし、男性自らが伝統的な規範を支持し、無批判に内在化する傾向にあるのは先述した通りだ。

一方、女性はどうか。そもそも人間の生きづらさに性差を持ち出すのはナンセンスである。だが、女性は長い間、男性優位社会で抑圧され、辛酸《しんさん》をなめてきた歴史があり、いかに社会進出が進もうとも、女性の生きにくさは今も男性中心の社会、文化の負の遺産に根差していることを見逃してはならない。

女性たちは今、憤っている。と同時に、私的領域、公的領域ともに積極的で、活動的である。伝統的な性規範に代わり得る新たな男性像が不在であることが、男たちを苦しめていると先に述べた。逆に女性は、伝統的な役割を保持したまま、新たな役割が増え、複数の役割を課せられていること、さらに女性の役割に対する社会の成員（の多数派）が共有する価値観が時代ごとに変容し、まるで流行でもあるかのように移ろってきたことに苦悩の根源があると、私は考えている。

まず、女性の役割規範について、時代とともに負担が増大している点を整理しておこう。女性に複数の役割が求められるのは、何も今に始まったことではない。1998年の『厚生白書』は、「男は仕事、女は家庭と仕事」という新たな役割分業が生じてきたと指摘している。いわゆる「新・性別役割分業」「女性の二重負担」と呼ばれるものである（松田2001）。

「男は仕事、女は家庭」という性別役割分業は女性を私的領域に閉じ込めてしまうという問題があるが、仕事と家庭という「二重役割」は、女性の社会進出というポジティブな進展が背景にあったうえで、女性に二重の負担を強いるという別の問題を生じさせることになった（現在は役割がさらに追加され、女性は「三重役割」を求められていると私は捉えているが、これについては後述する）。

この問題は日本よりも先に女性の社会進出が進み、男女平等意識も高い米国でも、たびたび論じられてきた。ホックシールドは就労する女性が生産労働、つまり有償労働から帰宅後に、家事や育児といった無償の再生産労働に従事する様子を「セカンド・シフト（第二の勤務）」と呼び、女性の家事労働は男性に比べて長時間に渡ること、また家事労働を男性に負担させることの難しさを指摘した（Hochschild 1989＝1990）。

総務省の2016年「社会生活基本調査」によると、6歳未満の子どもを持つ世帯（夫婦と子どものみ）の1日の家事関連時間（家事、育児、介護・看護、買い物の合計・週平均）は、妻の7時間34分に対し、夫は1時間23分と大きな隔たりがある。このうち共働き世帯だけに絞っても、妻は家事関連に4時間54分を費やしており、有償労働に従事していても、依然として妻の負担は大きい。この家事関連時間を同様の設定で米国と比較すると、米国の妻は6時間1分、夫は3時間25分で、日本に比べて妻が少ない分、夫が多く家事や育児などを担っていることがわかる（米国の数値は、U.S. Bureau of Labor Statistics, "American Time Use Survey-2016 Results" から）（図表3）。また、家事関連時間内の項目ごとに見ると、妻の家事時間は3時間7分と20年前（1996年・4時間8分）に比べて約1時間減少した一方で、育児時間は3時間45分で20年前（同・2時間43分）から約1時間も増加している。家事は時代とともに高機能化する家電製品の使用で時間が短縮できても、育児は人以外に代替不能である。その負担の大きさがうかがえる。

†働く女性は増えても低待遇

一方で、有償労働においても女性は苦境に立たされている。低待遇で働いているケースが多く、真の意味での女性の社会進出とはほど遠い現状だ。これは社会構造上の問題でもある。

共働き世帯は1990年代半ばを境に、専業主婦世帯を上回ったのは周知の通りだ。2

０１８年は専業主婦世帯の６００万世帯に対して、共働き世帯は１２１９万世帯と2倍に上る。結婚や出産、育児期の年代でいったん低下し、子育てが落ち着いた時期に再び上昇する「M字カーブ」と呼ばれる女性の年齢階級別労働力人口比率（労働力率）は、１９７５年には25〜29歳の42・6％がM字の底だった。だが、25〜29歳の労働力率は上がり続け、２０１８年には83・9％で、逆に年齢階級別で最も高くなった。女性の晩婚化、それに伴う出産年齢の高齢化の影響が大きいと考えられるが、２０１８年のM字の底である年代は35〜39歳と約40年前と比べて10歳上昇するとともに、M字の底の労働力率は74・8％と年々上昇している。M字カーブ自体、解消しつつあるともいえる。

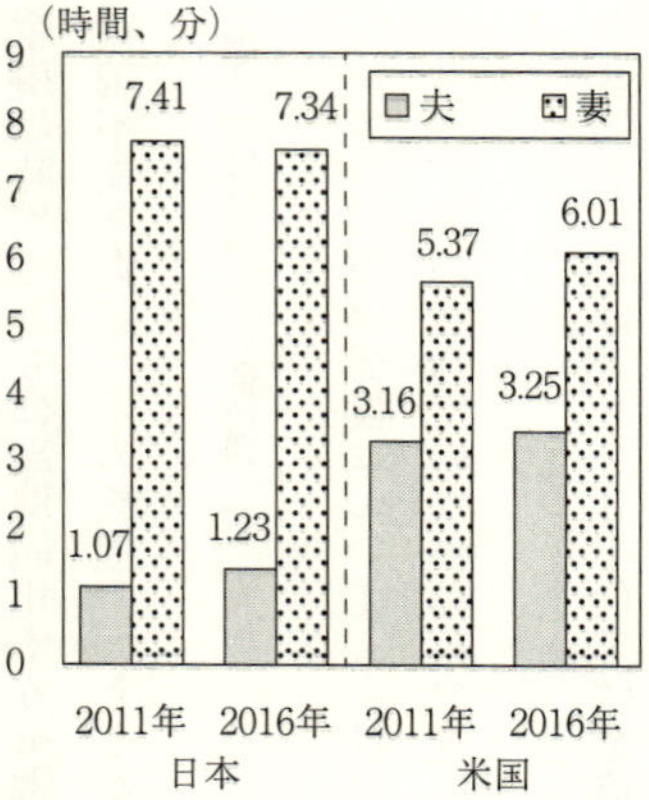

図表3　6歳未満の子どものいる夫・妻の家事関連時間の日米比較

出典：総務省「社会生活基本調査」（2016）より。米国はU.S.Bureau of Labor Statistics（BLS）, "American Time Use Survey - 2016 Results" より

一方、出産前まで仕事に就いていた女性のうち、いまだに半数（46・9％）が第1子出産を機に辞職している。そして、働く女性の6割近く（56・0％）が非正規労働者である。

退職後に再就職した女性も含め、契約社員、派遣、パート・アルバイトなどの低待遇の労働形態が多くを占めているのだ。

厚生労働省の2017年「国民生活基礎調査」によると、18歳未満の子どものいる女性で「仕事あり」は70・8%で、子どものいる有業者のうち「正規の職員・従業員」は24・7%にとどまっている。

既婚女性の中には子育てなど家庭での役割との兼ね合いから、自分から進んで非正規を選んでいる場合も少なくないが、結婚や出産を機にひとたび退職すると、正社員としての再就職は厳しいのが実情だ。不本意ながら低待遇を受け入れ、非正規の職に就いているケースも多いのである。

†「男らしさ」の尊重と性別役割規範の受容

女性たちは外に働きに出たからといって、旧来の家事労働が免除されるわけでなく、二重役割による負担増に対して不満を抱き、憤っている。にもかかわらず、そうしたジェンダーバイアスともいえる性別役割規範を、男性のように無批判の受容とまではいかなくとも、引き受けてしまっているのである。なぜなのか。

その背景には、伝統的な「男らしさ」を尊重し、男性がそうした性規範に強く支配されて生きていることを許容するとともに、女性自身も、葛藤やジレンマを抱えながらも、結局は性別役割規範を受け入れているという、伝統的な規範を支持する意識がある。

この傾向は、「子育ては自分が一手に引き受けるので、夫には仕事で頑張ってほしい」「夫に育児や家事を協力してもらったら、出世に響く」といった取材対象者の女性の語りにも多く見られた。このような女性たちの本音は、長期間に及ぶインタビューから浮き彫りになったもので、大規模な統計調査で明らかになることは皆無である。ただ、旧来の固定的な性別役割分業に関する国の意識調査から、その傾向の一端を読み解くことは可能だ。

内閣府の「男女共同参画社会に関する世論調査」によると、「夫は外で働き、妻は家庭を守るべき」という考え方について、2012年の調査で男女合わせて「賛成（どちらかといえば賛成も含む）」（51・6％）が、15年ぶりに「反対（どちらかといえば反対も含む）」（45・1％）を上回った。女性だけに絞ると、「賛成」（48・4％）と「反対」（48・8％）が拮抗《きっこう》し、「賛成」は2009年の調査（37・3％）より約11ポイントも上昇した。だが、続く2014年（調査名称は「女性の活躍推進に関する世論調査」だが、設問は同じ）と、女性活躍推進法が施行されて数か月後に実施された2016年の調査では、男女合わせた数値はいずれも「反対」が「賛成」を上回り、女性だけを見ても、2014年は「賛成」(43・2%)、「反対」(51・6%)、2016年は「賛成」(37・0%)、「反対」(58・5%)と、2009年の調査結果に近い数値に戻った。

2012年の調査結果は今では、一時的な現象として片づけられてしまったようである。一部には、2011年に発生した東日本大震災の影響で、家族の絆や伝統的な男女の役割規範が見直されたためという見方もあった。だがそれを考慮したうえでもなお、この時代にあって一時的とはいえ、統計数値上に現れた女性の家庭志向の高まりは特筆すべき点である。

いずれにしても、「妻は家庭を守るべき」という考え方をいまだ4割近くの女性が支持していること自体、注目に値する。また、年代別に見ると、若い年代層で旧来の固定的な役割分業に関して賛否の差が小さく、女性の20~29歳では、「賛成」の回答が2014年の39・8%から、2016年には47・2%と約7ポイント上昇している。

†母役割を重視する日本女性

さらに、母親の役割を巡る国際比較の視座から考えてみたい。

日本と米国、英国、フランス、中国の計5か国の育児書が綴《つづ》る子育てを巡る言説の国際比較を行い、背景にある文化的差異を考察した『育児の国際比較』によると、日本は他の調査対象国と比べて、母親の負担が最も大きく、社会から期待される母親がこなすべき育児のメニューも多いという（恒吉・ブーコック1997）。

日本の母親の負担の大きさについては、別の国際比較調査からも明らかだ。韓国、米国、スウェーデンなど計6か国の父母を対象にした調査『国際比較にみる世界の家族と子育て』で、誰が子どもの食事の世話をしているかを尋ねたところ、日本は、「主に母親」が85・9％と他国と比べて際立って多かった（韓国65・1％、米国63・8％、スウェーデン53・4％）。逆に父母が「両方でする」はわずか7・6％で、最低だった（スウェーデン29・6％、米国28・3％、韓国14・8％）。要因として、日本において「子育ては母親」「稼ぐのは父親」という性別役割分業意識がいまだ根強いことがあると分析している（牧野・渡辺・船橋・中野2010）。

それだけに、日本の母親には困難がつきまとう。米国の心理学者、スーザン・D・ハロウェイ（Holloway 2010＝2014）は、日本の母親は子育てに手間暇をかけて熱心に取り組んでいる反面、育児に不安やストレスを抱え込み、自信を喪失している割合が、米国、英国など先進国や、韓国、中国などアジア諸国の中で最も高く、その背景には新旧の子育てに関する文化モデル（文化的規範）の対立や不一致があると分析している。ハロウェイは各国の母親へのインタビュー調査などから、日本の母親たちがわが子の育児について高い達成目標を設けてしまいがちで、育児そのものを母親の重要な役割と認識していると指摘した。そのうえで、「理想のモデルに照らして自己評価を熱心に、また頻繁に行うというよくありがちな傾向から、自分を責めてもがき苦しむという危険に追い込まれる」（同311頁）と分析する。また、自身の行動をその文化における「理想」と比較する、こうした実践は日本の文化に特徴的であるとも述べている。

母親に対する社会の期待値の高さと、自身も母親役割を重視するという価値観によって、日本女性は負担の大きい役割規範を自ら抱え込んでしまっているとも考えられるだろう。

†夫はそれほど頼りにされていない

女性の社会進出と、男女の変わらぬ伝統的規範を守ろうとする意識によって生じた「夫は仕事、妻は家庭と仕事」という女性の「二重役割」を受け入れた結果、女性は仕事と家庭の両立という壁にぶつかる。そうして、家庭での役割の中でも負担の大きい育児への協力で最も頼れるのは親で、一番近くにいて親密な関係にあるはずの夫ではなかった。

国立社会保障・人口問題研究所が2013年に実施した「第5回全国家庭動向調査」では、既婚で子どものいる女性を対象に、出産・子育てのサポート資源について、誰に支援を求めるかを尋ねている。

それによると、精神的サポートのうち「出産や育児で困った時の相談」は、「親（以下、義父母含む）」が46・9％と最も多く、2008年の第4回調査（44・7％）から2・2ポイント上昇した。一方、「夫」は37・8％で、逆に前回調査（39・4％）から1・6ポイント減少した。実際に子育てに携わる世話的サポートでは、親と夫の差がさらに広がり、「妻が働きに出るときの子どもの世話」は、「親」が42・2％（前回調査比1・4ポイント増）に対し、「夫」は15・5％（同3・7ポイント減）にとどまった。「親」に次いで多かっ

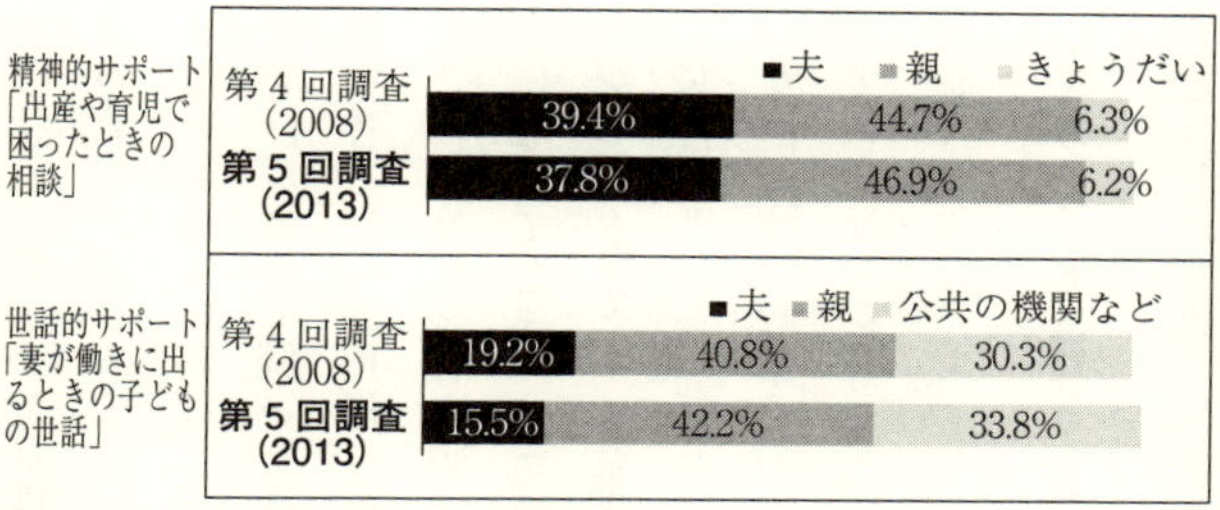

図表４　出産・子育ての支援を求める相手　＊上位のみ
出典：国立社会保障・人口問題研究所「第５回全国家庭動向調査」（2013）より

たのは、「公共の機関など」の33・8％（同3・5ポイント増）だった（図表4）。

「女性活躍」時代の「三重圧力」

そして今、女性の負担はさらに増え、「三重役割」を押しつけられているのである。それはプレッシャーとして重くのしかかり、苦しみや怒りを増幅させる要因となっている。すなわち、「子育てなど家庭での役割を果たしながら、外で働き、かつ管理職などに就いて活躍するべき」という女性の生き方に対する「三重圧力」である。

このような社会規範は、２０１６年４月に女性活躍推進法（女性の職業生活における活躍の推進に関する法律）が施行されて以降、一気に加速する。

長らく男性が優位に立ってきた企業社会で、指導的地位に就いて能力を発揮したいと願いながらも、その機会を与えられてこなかった女性にとって、法に基づいて女性登用が積極的に進められることは絶好のチャンスである。しかしながら、正社員として働いていても、管理職に就くことを望まない女性もいれば、働く女性の6割近くを占める非正規雇用で、そもそも管理職昇進の可能性が極めて低い女性――非正規の中でも、不本意に非正規職に就き、正社員登用を目指す者、自ら非正規を選んで家計補助的に就業している者など一様ではない――もいる。

このように多様な道を歩んでいる女性たちに、たったひとつの生き方モデルを求めることになってしまったことに、問題の根源があるのではないだろうか（管理職登用のチャンスが巡ってきても、昇進を断る女性が増えていることなど女性登用を巡る葛藤と苦悩は、奥田『「女性活躍」に翻弄される人びと』２０１８で詳しく紹介している）。

「女性活躍」政策そのものは管理職登用だけを進めるものではないが、そのあり方がメディア報道などを介して広く社会に浸透していくプロセスで、女性管理職を数値目標を設けて増やすこと、イコール「女性活躍」と、ミスリードされていった面も否めない。

†生き方トレンドに翻弄される女性たち

こうした女性の生き方に関する規範は、時代ごとに移りゆく流行のような特性を備えている。例えば、男女雇用機会均等法の施行（1986年）により、直後に総合職として就職した女性は「均等法第一世代」と呼ばれ、新たな時代における自立した女性の象徴のように注目を集めた時期があった。2000年代半ばの一時期、30歳代以上で子どものいない未婚女性を指す「負け犬」が論争とともにブームを巻き起こした際には、そのカウンターパートであった結婚していて子どものいる「勝ち組」（センセーショナルなメディア報道も影響して、夫の収入だけで余裕のある暮らしを送ることができる専業主婦へと拡大解釈、誤読されて広がった）がもてはやされた。2010年代に入ってからは、仕事と家庭を両立することが当然のように、女性の望ましい生き方として語られ始めた。

そうして今、「女性活躍」の時代である。

「産め、働け、管理職に就いて活躍しろ、とたくさんの役割を押しつけられて、冗談じゃない！」「専業主婦になって『勝ち組』だと思っていたら、今の世の中では誰からも評価されずに『負け組』になるなんて……」――。そうインタビューで一方的な規範の押しつけへの憤りを露にする女性たちは多く、生き方トレンドに翻弄されているように見えた。

†長時間無償労働の経験から活動的に

日本女性が、家庭と仕事という複数の役割を課せられたうえ、家事や子育てなどの無償労働にかなりの時間を割いていることは、国際的調査からも明らかだ。

ＯＥＣＤが２０１４年に公表した、労働時間の男女別の国際比較（ＯＥＣＤ加盟・パートナー国のうち29か国対象）の調査結果によると、家事、家族へのケアなど無償労働で１日に費やす時間は、日本女性は６位（２９９分）と先進７か国の中で最も長く、反対に男性は下から３番目の27位（62分）で先進７か国中最下位だった。

一方で、先述したように、身近な存在であるはずの夫は頼りにできない。その結果、女性は自分から進んで親・きょうだいのほか、友人や地域の知り合いなどさまざまな人脈を広げ、また公的機関や民間のサービスを利用して、子育てや親の介護などを行わねばならない。少子化できょうだいがいないケースは増えており、親元を離れて進学や就職したために近距離に親が暮らしていないケースも少なくない。自ずと、女性たちは役割を果たしていくために、積極的に動いていかざるを得ないのである。

女性のこうした経験の積み重ねが、定年退職後などに「孤立」しがちな男性とは対照的に、活動的で時間を有効かつ効率的に使い、自身の後半生に生かしていくという特徴に現れているのではないだろうか。

4　人生100年時代の夫婦リストラ

†「幻想」から抜け出すために

「男は仕事」「女は家庭」という性別役割分業のもとで豊かな生活を目指した「戦後家族モデル」は、生活水準の大きな上昇が見込めないうえ、将来の安定性さえ保証されない時代を迎えて崩壊した。そして、夫婦はただ一緒に暮らし、役割を果たしているだけでは満足できなくなってしまった。夫婦間の期待値が大幅にレベルアップしたことにより、承認欲求を満たし、自己のアイデンティティと存在価値を確認することは容易ではなくなったのだ。夫婦関係は今、なおいっそう不安定になり、リスク化している。それに伴って夫も妻も、実現不可能な「幻想」を追い求めてしまっているのである。

例えば、インタビュー対象者の多くが口にした「こんなはずじゃなかったのに……」「妻（夫）は変わってしまった」「夫（妻）が何を考えているのかわからない」――といった語りには、自身が置かれた現状をどうにも受け入れることができず、現実から目を背けている状況が如実に現れているといえる。

こうした負の要素を克服して夫婦「幻想」から抜け出し、真の意味での絆を取り戻すためには、夫婦関係を再構築する、すなわちリストラクチュアリング（リストラ）しか残されていないのである。

では、夫婦のリストラを図るために何が必要なのか。心の持ちよう、意識改革など内的な面と、長時間労働の是正や柔軟な働き方、子育て支援といった、仕事と家庭生活を取り巻く環境整備など外的な面の両面から考えてみたい。

†自立した関係性の構築

まず夫婦が、互いに依存するのを止め、それぞれが自立した関係性を築くことである。自立の側面には、精神的自立、生活的自立、経済的自立、社会的自立などがあるが、これらを夫婦のリストラ策として、具体的にどのように進めていけばよいのか、取材事例を踏まえて述べていく。

精神的自立は、夫婦双方にとって最も重要である。夫婦間で相手に依存し、期待し過ぎてきた関係性を根本的に見直す。依存度も期待値も下げることで、これまで満たされてこなかった承認も得やすくなるだろう。求めるよりも、思いやりや気遣いを捧げること、つまり利他の心で、夫婦がそれぞれ精神的に自立してゆくのだ。

多数の男女への継続的なインタビューを通して、利己主義に陥っている夫・妻がいかに多いかを痛感した。夫婦間で相手への期待値が高まる現代社会ではやむを得ない面もあるが、それがエゴであると自覚していないケースが多いのは深刻な問題である。

さらに、ありのままの自分、自分たち夫婦と向き合うことも重要である。戦後家族モデルが解体された後、それに代わる新たなモデルが不在であることが人々を悩ませている要因のひとつであることは先に述べたが、現状に即して軌道修正しながら自分たち独自に新たな夫婦像を切り開いていくのである。自ずと夫婦のあり方・関係性は多様になるはずだ。決して容易ではないこの作業を実践していくには、旧態依然とした社会規範に支配された「男の面子《メンツ》」「女のプライド」(このような言葉はインタビューでも多出した)といった考え方を捨て去らなければならない。これも夫婦双方に欠かせない精神的自立である。

生活的自立は、主に夫側に求められていることである。炊事、洗濯など家庭での役割を妻に任せてきた男性にとって、生活面で自立できていない弊害がはっきりと現れるのは、自身の定年退職時や、妻が「卒母」を宣言して新たな人生を歩み出した時だ。だが、それ以前からも夫婦関係に亀裂を生じさせる要因となっており、長年の積み重ねが定年後の男性の家庭や地域社会での「孤立」という重大な問題にもつながっているのだ。ただこれには本人の努力とともに、後述する長時間労働の是正など社会政策面での取り組みも欠かせない。一方、妻側も、家庭での役割を引き受けることで、夫の生活的自立を阻害してきた面があることを自覚すべきだろう。

経済的自立と、社会的自立は、主に妻側に求められることだ。ここで言う社会的自立とは、青少年・若年者などに対して使われる概念とは少し異なる。生まれ育った定位家族からの独立を経て、結婚して新たに形成した創設家族から再び自立し、より深く社会と関わっていくという意味で、「第二の社会的自立」とも言えるだろう。

背景には社会構造上の問題もあり、女性が働きやすい雇用環境整備や育児、介護支援など公共政策も大きく関わるテーマである。だが、まずは妻の意識・心の持ちようとして、夫への経済的な依存と、家庭という私的領域のみでの無償労働が精神的な自立を阻んでいる可能性を認識する必要がある。一人で生きていけるだけの収入を得るという意味ではない。家庭状況を考慮して雇用形態、待遇などを選択し、有償労働に従事して少しずつでも経済力をつけたり、地域でのボランティアなどの社会貢献活動に参加したりして、活動の場を広げるのだ。これまで以上に社会と関わり、私的領域だけでなく、公的領域でも能力を発揮することで、自己効力感を高めることができるのではないだろうか。すでに働いている場合、または社会活動を行っている場合はさらなるキャリアアップや活動成果を目指せば、より自分に自信がつくことになるだろう。

出産前まで就業していた女性のうち、いまだ半数が第1子出産を機に離職し、働く女性の6割近くが非正規労働であることは先述したが、人手不足の状況下で女性を労働力として有効活用するため、家庭と両立しながら働きやすく、かつ非正規の待遇改善も目指した多様な働き方を導入する企業は少しずつではあるが広がっている。

夫の生活的自立と妻の経済的、社会的自立は、いずれも自信や自己効力感を高め、相手への依存や過度な承認欲求を抑える。すなわち精神的自立につながる。それぞれの自立は互いに影響し合っているのだ。

†長時間労働是正で夫に生活・ケア力を

長時間労働の是正や非正規の待遇改善、柔軟な雇用形態の導入・拡充などの働き方改革は、夫婦関係を再構築するためにも非常に重要な課題である。

日本人男性の労働時間の長さは、世界でも類を見ない。先に触れたOECDの労働時間の男女別国際比較（2014年公表）によると、1日の有償労働の時間（学習時間を含む）は、男性では日本が471分と、調査対象の29か国の中で最も長く、米国（308分）、英国（297分）、ドイツ（282分）、フランス（233分）など他の先進諸国を大きく突き放した。

まずは夫が長時間労働から徐々にでも解放されることで、家事や育児など妻が主に担ってきた私的領域での無償労働について、分担する余裕が生まれて生活力やケア能力が身につき、生活面の自立にとって有効だ。

妻も、夫が子育てなどを分け合って受け持った分を有償労働や社会活動の時間に回すことができ、経済的、社会的な自立に向けて前進する。正社員として働いて一定の経済力をつけている女性にとっても、長時間労働の是正は、仕事と家庭の両立にプラスに作用するとともに、管理職昇進など自身のキャリアアップも図りやすくなるだろう。

伝統的な性規範や性別役割規範が、男性の長時間労働を容認、助長してきた面もあり、男女双方に意識改革が求められているが、労働・雇用問題は個々人の力だけではどうすることもできない。公共政策と、企業など雇用主による働く者の側に立った労働環境改善の努力が欠かせない。

働き方改革関連法は2018年6月に成立し、初めて残業時間に上限規制が設けられた。残業の上限を「原則月45時間、年360時間」（年720時間まで延長可能。繁忙期は単月で100時間未満を例外的に認める）とする規制は、大企業は2019年4月から適用された。中小企業は2020年4月からとなっている。従来は事実上、残業時間を青天井で延ばせる状態であった日本の労働環境を踏まえると、上限規制が設けられたことは労働環境改善に向けて大きな前進である。

だが、法という後ろ盾を得て立案された労働政策そのものが優れたものであっても、政策を実施・運用する段階、つまり労働の現場レベルでは長時間労働の是正はまだ道半ばだ。規制や新制度の導入などシステムは整備されても、実際に労働者が恩恵を被ることができない、というのが実態なのではないだろうか。

長年、長時間労働という悪しき慣行を当然のように続けてきた企業の多くが、実際に減った分の労働時間に遂行されるはずだった職務をどう穴埋めするのかといった具体策のないまま、残業規制に踏み切っている。結果、労働者は所定時間内に終えられなかった仕事を自宅に持ち帰ってこなさなければならない。その超過した労働分は残業とはみなされずに給与には反映されないため、仕事量は変わらないにもかかわらず、給与が減るという矛盾が生じ、肝心の働く者たちがメリットを享受するどころか、逆に不利益を被っているケースが少なくないのが実情だ。これは紛れもなく、精神的苦痛も含めたハラスメントである。「ジタハラ（時短ハラスメント）」が2018年の新語・流行語大賞にノミネートされたこと自体、そうした状況がすでに広がり、世間もそう認識している風潮を物語っている。

長時間労働の是正によって、子育てや介護など私的領域でのケア役割を担うために、必要以上の過度な労働を切り上げて帰宅することが「特別」ではなく、「普通」となる。そうなれば、第1章の事例でも紹介した、男性が育児のために休暇や時短勤務を希望することへの嫌がらせ「パタハラ（パタニティ・ハラスメント）」はれっきとした不当行為とみなされて行えなくなり、また女性も家庭との両立で労働時間の減少、つまり仕事量が減ることがキャリア形成上、ハンディとなることなど許されなくなる。

労働者全員が、過重労働から解放された分の時間を家庭でのケア役割だけでなく、政府も重要視しているリカレント（学び直し）教育や趣味など私的領域で有効活用できるようになれば、不公平感も解消され、職場風土も改善されるだろう。

経営者側は早急に現状を見直し、実効性のある長時間労働是正策を遂行していかなくてはならない。

†柔軟な働き方で妻の就業促進

妻側にとっては、家事や育児、介護などと両立しながら働ける柔軟で多様な雇用形態の導入・拡充や、女性労働者の6割近くを占める非正規の待遇改善などが、経済的、社会的自立を目指すうえでの課題となっている。

柔軟な働き方、非正規の待遇改善のひとつのあり方として注目されるのが、旧来の「無制限」な働き方とは異なり、勤務地や職務内容、勤務時間を限定した「限定（ジョブ型）正社員」制度である。正社員の働き方の多様化を図るとともに、非正規労働者の処遇改善、無期雇用転換への受け皿としても有効だ。正社員より給与水準は低くなるものの、非正規よりは雇用が安定する。その反面、正社員と比べ、整理解雇の適用度は高いと考えられる。

不当な解雇を防ぐため、労使合意に基づく解雇に関する厳格なルール作りが不可欠だ。

非正規雇用から限定正社員に登用される仕組みも徐々に浸透している。日本生産性本部が2016年10月に公表した「第15回日本的雇用・人事の変容に関する調査」(上場企業133社が回答)によると、30・1%が勤務地限定正社員制度を導入していたが、このうち62・2%が「非正規社員から勤務地限定の正社員に登用する仕組みがあり、実際に該当者もいる」と答えた。勤務地限定正社員の利点としては、「社員の長期的な定着」(73・3%)、「優秀な女性社員の退職抑制」(55・6%)が上位で多かった。

一方、期間の定めのある有期雇用の非正規労働者が同じ会社で通算5年を超えて働いた場合、本人が希望すれば無期雇用契約に転換できる「無期転換ルール」の権利が、改正労働契約法施行から5年後の2018年4月から発生したが、労働者の認識はまだ浅く、十分な権利の行使には至っていないのが現状だ。連合が2018年5月、全国の20〜59歳の有期契約労働者(契約・派遣社員、パート・アルバイト。週20時間以上、民間企業で労働)1000人を対象に実施した「有期契約労働者に関する調査2018」では、68・3%が「無期労働契約への転換の内容を知らない」と回答し、無期転換を申し込む権利のある人のうち「無期転換を申し込んだ」のは4人に1人(26・9%)に過ぎなかった。例え、雇用主側が情報提供も含めて消極的であっても、労働者自らが待遇改善のための権利行使に向け、積極的に行動するべきだ。

†賃金格差は労働の質の性差から

日本在住の米国人経営者、デービッド・アトキンソンは『新・所得倍増論』（２０１６）の中で、日本が潜在能力を生かせていないことを示す指標として、「先進国最下位」（正確には先進7か国中で最下位）という生産性の低さを指摘している。そして日本の生産性が低い主因のひとつとして、女性が付加価値の低い仕事しか任されておらず、男女間の労働の質に格差がある点を挙げている。

労働の質は、賃金にも影響する。こうした労働の質の低さと賃金の性差は、妻の経済的、社会的自立を阻み、夫婦のリストラにとって大きな障害となっているのだ。

日本の男女間における賃金格差が問題視されているのは周知の通りだ。賃金格差は少しずつ縮まってきてはいるものの、いまだ女性の給与水準は男性の約7割（男性１００に対して女性は73・4。このうち男女ともに正社員・正職員に絞ると女性は75・7。２０１７年「賃金構造基本統計調査」）だ。米国（男性１００に対して女性は81・9）、英国（同85・9）、ドイ

	男性(100)比 女性の給与水準
日本	**73.0**
米国	81.9
英国	85.9
ドイツ	84.3
フランス※	84.2
スウェーデン	88.0
韓国	68.6

図表5　男女間賃金格差の国際比較（2016年）
出典：労働政策研究・研修機構「データブック国際労働比較2018」より
※フランスは2015年の数値

ツ（同84・3）、フランス（同84・2）など先進国の中でも、日本の賃金格差の大きさが目立っている（労働政策研究・研修機構「データブック国際労働比較2018」。いずれも2016年の数値（仏のみ2015年）で、同年の日本は同73・0）（図表5）。

賃金格差に影響を与える主要素として、職務内容や責任の度合いなど労働の質と、勤続年数が挙げられる。女性が出産を機に離職することなく、家庭との両立を図りながら就業を継続し、質の高い職務に就くことを可能にするには、企業などが両立支援策を拡充し、女性社員の適正な職務配置や能力開発、人事評価を行う必要がある。また、女性が主に担ってきた家庭でのケア役割の負担を軽減する、行政による福祉政策の拡充は待ったなしだ。

†男と女もディーセント・ワークを

ここで、世界標準に照らし合わせた日本の労働環境・制度の現状について簡潔に整理しておきたい。

1999年、国際労働機関（ILO）は総会で、21世紀の主要な活動目標として、ディーセント・ワーク（Decent Work =働きがいのある人間らしい仕事）を掲げた。ILOはディーセント・ワーク実現のための労働条件として、労働時間や賃金、休日の日数、労働の内容などが人間の尊厳を守り、健康を維持できるものであることを示し、それを保障するための団体交渉権や失業保険、雇用差別の禁止、最低賃金の確保など労働者の保護を求めている。

しかし、日本では最低賃金は先進国の中でも低い水準で、有給休暇は保障されているものの未消化率が高い。先述した働き方改革関連法で、時間外労働の規制のほか、正社員と非正規雇用労働者の不合理な待遇差を解消する「同一労働同一賃金」がようやく導入されたが、具体的にどのような方策で労働現場に浸透させていくのか、企業など雇用する側の多くは模索を続けている段階で、先行きは不透明と言わざるを得ない。

男女ともに、育児や介護など家庭生活における重要な役割を担いながら、無理せずにやりがいのある仕事を続けることができ、そこには健康を損なうような労働条件や心理的負荷は存在しない――。仕事と家庭を両立する女性にとっても、また私的領域での役割を担うべき男性にとっても、そんな状況が本来あるべき有償労働の姿なのではないだろうか。

夫婦ともに、より楽に仕事と、家庭と、そして自分自身と向き合うために、今こそ、ディーセント・ワークという原点に立ち返るべきだ。

子育て、介護政策が夫婦をつなぐ

長時間労働の是正や柔軟な働き方など労働政策とともに、夫婦の再構築を後押しするのが、子育て支援や介護離職防止などの福祉政策である。男女ともにいまだ性規範、性別役割規範に囚われ、かつ長時間労働が実質的に是正されていない現状では、社会政策の充実によって、家庭でのケア役割の負担を軽減するほかない。

政府は待機児童解消策として、保育の受け皿を整備し、2020年度末までに待機児童をゼロにする計画だ。そして、2022年度末までに25~44歳の女性の就業率を80%(2018年は76・5%)に引き上げる目標を掲げている(「子育て安心プラン」)。また、2019年10月からは幼児教育・保育の無償化(3~5歳児を持つ全世帯と、0~2歳児を持つ住民税非課税世帯を対象)がスタートする。子育て支援策は一見、順調に進んでいるようではある。

しかしながら、女性就業率の目標を達成するためには、現行の保育の受け皿の整備計画では足りず、さらに約28万人分が必要という民間の大手シンクタンクの試算もある。幼児教育・保育無償化を巡っては、認可外保育施設も無償化の対象となったが、自治体からは安全性などを懸念する声が上がり、条例で独自に保育の質が確保された施設だけに限定できる規定が盛り込まれた経緯がある。認可保育所でも保育の質の向上は、すでに進められている保育士の処遇改善（２０１９年４月から、月額３０００円相当の賃上げ）と合わせて大きな課題となっている。

無償化よりも、待機児童解消が先決という意見は依然として根強い。保育の受け皿整備の規模として妥当なのか、処遇改善策は潜在保育士の掘り起こしも含めた人手不足解消策として十分なのか、改めて再検討する必要がある。

また、男女合わせて年間約10万人にも上る介護離職の防止策として政府は、特別養護老人ホームなど介護施設の増設などにより、介護サービスの受け皿を２０２０年代初頭までに50万人分増やす計画だ。介護休業も２０１７年から見直され、介護が必要な家族１人につき93日間を、３回まで分割して取得できるようになり、少しずつ前進はしている。

一方で、保育同様、介護人材の処遇改善は人手不足を解消し、介護の質の向上につなげるために急務である。賃上げ（２０１９年10月から、介護サービス事業所の勤続年数10年以上の介護福祉士に月額平均8万円相当）も進められてはいるが、厚生労働省の調べでは介護職員の平均給与は月給ベースで全産業平均の7割程度（約10万円低い）だ。業務効率化のための介護ロボットなどデジタル技術の活用や、外国人材の活用なども構想としては評価できても、事業所の設備投資や外国人への日本語教育など環境整備を考慮すると、実現までの道のりは平坦ではない。

これまでも繰り返し提案してきたことだが、自分の働き方やケア能力に応じて、必要な身体介護や生活（家事）援助などのサービスを自由に選び、組み合わせることが可能な現金給付を選択肢に加える介護保険制度の抜本的な見直しを進めていくべきである。もとは嫁（義娘）が主たる家族介護者になることを想定して2000年度から始まった介護保険制度は、共働き世帯が専業主婦世帯の2倍に上るまでに増えた現在の家族のありようにはそぐわなくなってきている。

現金給付に関しては、ドイツのように、在宅介護に現金給付（介護手当）を導入し、現物給付（介護サービス）かいずれかを選ぶか、両方の組み合わせも可能にし、現金給付額を現物給付の限度額よりも低く設定することで給付総額の抑制につなげている先進事例もある。わが国では、家族介護の固定化や保険財政のひっ迫への懸念などから、現金給付の導入が見送られてきた経緯がある。家族を介護に縛りつけてはいけないが、在宅介護を希望する家族介護者や要介護者は多く、そうした人たちの要望に応えるためにも、一定の条件のもとで、介護保険から介護者に現金を給付するしくみを選択肢に加えることを検討するべきである。

†「折り合いをつける」という希望

これまで述べてきたように、夫婦はともに豊かな生活を目指して安定と安心を維持しながら、承認欲求を満たす拠り所であった時代から、今では不安定化してリスクまで伴うものとなっている。夫婦が互いに求める期待値が上昇したことによって、容易に相手（夫・妻）に満足することができなくなった。相手からも評価を易々《やすやす》とは得ることができなくなり、承認欲求を満たせず、自己のアイデンティティと存在価値を見失いがちだ。その果てに、非現実的な「幻想」の中にしか、夫婦像を追い求めることができなくなってしまう。

このように夫婦のありよう・関係性が変容する一方で、男女に多少の温度差はありながらも、依然として旧来の「男らしさ」「女らしさ」の性規範、「夫は仕事」「妻は家庭（仕事を持っていても、家庭での役割を中心に担う）」という実際には崩壊した戦後家族モデルに依拠した伝統的な性別役割規範に心を囚われている人々が多いことが、夫婦が「幻想」から抜け出し、関係を再構築して、絆を取り戻すことを困難にしているのである。

夫婦のリストラ策として、精神的、生活的、経済的、社会的に自立していくことが欠かせないことも先述した。こうした処方箋《しょほうせん》をより効果的なものにし、夫婦にとって一条の光となるのが、「折り合いをつける」という心の持ちようである。

その対象は、自分自身であり、親密な他者である夫・妻であり、家族以外の他者や社会である。社会規範通りにはいかない自分を、また夫・妻を認めて評価し、理想を追い求め過ぎないのはもちろんのこと、思いやり、相手のために行動するなど利他の精神を持つことなどで、その心は磨かれる。また、他者評価は自己評価とともに重要ではあるが、他者と自分を比較し、周囲からどう見られているかという世間の眼差《まなざ》しや社会的評価を過剰に意識しないことも重要である。

「折り合いをつける」というと、対組織や対人関係において妥協する、志を貫けずに目指してきたものを諦める、といった意味で受け止める人も多いだろう。また、古来言われる「和をもって貴しとなす」を思い浮かべる人がいるかもしれない。私が提案したいのは、そのいずれでもない。

「折り合いをつける」とは、目の前の厳しい現実と真摯《しんし》に向き合い、夫婦の絆の復活を目指す前向きな挑戦である。

†社会規範に潜む排除の危険性

「こうあるべき」「こうあらねばならない」「こうしてはならない」といった社会規範は、集団の成員がその規範を準拠できなければ、社会から逸脱、脱落してしまうという強迫観念にも似た意識を植え付ける一面を持つ。このような規範は、権力者らが人々を「勝者」と「敗者」、「主流」と「非主流」などに振り分け、多数の「敗者」「非主流」を統制・支配するために都合のいい道具となり、社会的排除につながる危険性がある。

社会的排除はもとは貧困など福祉分野で使われていた言葉で、フランスで生まれたといわれる。フランスでは戦後復興に伴って福祉国家の諸制度が整備されたにもかかわらず、そこから排除されている人々がおり、その存在を「豊かな社会の新しい貧困」として問題視する声がすでに1970年代からあったという（岩田 2008：17頁）。

人々が物理的にも精神的にも真に豊かに暮らせる社会とは、社会的排除のない、社会的包括の理念が広がった世界である。社会的包括は貧困や失業、差別などによって脱落する社会的排除に対抗し、いったん排除された人々が再び、社会とつながれる環境整備などを目指す考え方としてヨーロッパを中心に普及してきた。

日本において今ほど、社会的包括が求められている時代はないのではないだろうか。

†自分のものさしでつくる夫婦

米国の社会学者、ハワード・S・ベッカーは *Outsiders: Studies in the Sociology of Deviance* の中で、「社会集団はこれに違反すれば逸脱となるような規則を作り、それを特定の人々に適用し、彼らにアウトサイダーのラベルを貼ることで、逸脱を生み出す」というラベリング理論を唱えた（Becker 1973：p.9［筆者訳］）。逸脱を告発された人たちと、告発を行う人たち・社会との相互作用に焦点を合わせたのが特徴で、他者・社会から〝逸脱者〟の烙印《らくいん》を押されるだけでなく、その反応・反作用として、当事者自身が自己を規範から逸脱した者とみなすようになる、すなわち逸脱的アイデンティティが形成されるという。

承認欲求が満たされず、夫・父・男として、妻・母・女として、他者・社会から求められる規範から逸脱していると自覚している人たちの中には、アイデンティティを喪失している人々が少なくない。インタビュー対象者の多くが口にした「自分が何なのかわからない」「男として情けない」「妻、母として自分の存在価値が見つけられない」——などの語りはそれを象徴していた。

しかしながら、そもそも、混ざり気のない唯一の自己など存在しない。一人の人間がポジティブな面もネガティブな面も、また動的で積極的な要素も、静的で消極的な要素も、併せ持つことが往々にしてあるものだ。他者や社会との相互作用が自己形成に与える影響の大きさを踏まえると、それは当然のことといえる。自己の一貫性にこだわり過ぎず、多元的なありのままの自分を認めたうえで、社会や他者が決めたルールではなく、自分のものさしで己と夫・妻、夫婦の関係性・あり方を見つめ直すことが非常に重要なのである。

現代社会において負の言説が目立つものの、人はかけがえのない関係を、ほかの誰でもない夫・妻に求め、「夫婦」を欲することを止めない。地域や学校、職場、社会全体において、人と人とがつながりにくい時代だからこそ、今、夫婦の絆が求められているのである。そのかたちは決して一様ではない。夫婦の明日は、それぞれが折り合いをつけながら、自分のものさしでつくり上げていくものなのである。

そうして私は、これからも男女の激しい情動や、声にならない慟哭《どうこく》、切なくも愛《いと》しい沈黙を全身全霊で受け止め、その心と人生にどこまでも寄り添っていきたい。

あとがき

2019年の日本は、新元号「令和」の時代が始まったお祝いムードも束の間、政治、経済、外交など、山積するさまざまな問題への対応を迫られています。解決というゴールまでの道のりは決して平たんではありませんが、そこには公的領域における明確な政策課題が存在します。それゆえに現状を客観的、科学的に分析し、予《あらかじ》め期間を設定したうえで、解決のための政策立案、実施、事後評価へと、つなげていくことが可能です。

一方、私的領域の「夫婦」はどうでしょうか。夫と妻はそもそもわかり合えないもの、夫婦関係は安心よりリスクをもたらす……といったネガティブな言説は一見、近年になって目立ってきているようですが、何も今に始まったことではないのです。どれだけ時を経ても、問題解決に向けた妙策が登場する兆しは見えません。なぜなら、夫婦の間に横たわる問題はガラス細工のように繊細で主観的、情動的、かつ男女の複雑な心情や夫婦それぞれ特有の事情があるからです。当事者が解決に向けて努力したからといって、必ずしも報われるとは限らない。見方によっては、国が抱える問題にも増して深刻といえるかもしれません。

しかし、それだからこそ、私は夫婦という難解なテーマから目が離せなくなりました。さらに、どんなにもがき苦しみながらも、夫婦のかたち、関係性にこだわり続ける男女の姿にどれだけ強く胸打たれたことか。

取材にご協力いただき、私に大切な思いを託してくださった皆様に、改めて厚くお礼申し上げます。感謝の念は生涯、忘れることはありません。そしてこれからもよろしくお願いいたします。

本書で紹介した事例は性的志向が異性愛で、性自認が生物学的な性と一致している男女、かつ大半が法律婚の夫婦に絞るかたちとなりました。実際には同性愛者や両性愛者、心の性と身体の性が一致しない性同一性障害やトランスジェンダーの人々、生物学的に男女両方の性を持つ人々など、愛情と信頼で人と人が結ばれるカップルのかたちは、なおいっそう多様です。今回、掲載できなかった事例については、また別の機会に発表できればと思っています。

本書を取り、大切な時間を割いて読んでくださった読者の皆様、まことにありがとうございました。ほんの少しでも心に響くものがあったのなら、この上ない幸せです。

最後になりましたが、ちくま新書編集長の松田健さんをはじめ、本作りに関わってくださった皆様に、この場を借りて謝意を表します。

奥田祥子

2019年6月

参考文献

石井クンツ昌子（2013）『「育メン」現象の社会学』ミネルヴァ書房。

伊藤公雄（1996）『男性学入門』作品社。

岩田正美（2008）『社会的排除 参加の欠如・不確かな帰属』有斐閣。

奥田祥子（2007、2016）『男はつらいらしい』新潮社・講談社（加筆修正文庫版）。

奥田祥子（2015）『男性漂流 男たちは何におびえているか』講談社。

奥田祥子（2016）『男という名の絶望 病としての夫・父・息子』幻冬舎。

奥田祥子（2018）『「女性活躍」に翻弄される人びと』光文社。

落合恵美子（1994、新版1997、第3版2004）『21世紀家族へ 家族の戦後体制の見かた・超えかた』有斐閣。

楠木新（2017）『定年後』中央公論新社。

酒井順子（2003）『負け犬の遠吠え』講談社。

恒吉僚子、サラーン・スペンス・ブーコック編著（1997）『育児の国際比較 子どもと社会と親たち』NHK出版。

デービッド・アトキンソン（2016）『新・所得倍増論』東洋経済新報社。

林道義（1996）『父性の復権』中央公論新社。

牧野カツコ・渡辺秀樹・舩橋恵子・中野洋恵編著（2010）『国際比較にみる世界の家族と子育て』ミネルヴァ書房。

松田茂樹（2001）「性別役割分業と新・性別役割分業 仕事と家事の二重負担」（特集 変容する社会と家族）『哲学』106巻、31～57頁。

目黒依子（1987）『個人化する家族』勁草書房。

山田昌弘（2001）『家族というリスク』勁草書房。

山田昌弘（2004）「家族の個人化」『社会学評論』54巻4号、341～354頁。

山田昌弘（2005）『迷走する家族 戦後家族モデルの形成と解体』有斐閣。

山田昌弘・白河桃子（2008）『「婚活」時代』ディスカヴァー・トゥエンティワン。

山竹伸二（2011）『「認められたい」の正体 承認不安の時代』講談社。

Bauman, Zygmunt (2000), *Liquid Modernity*, Polity Press.（＝2001、『リキッド・モダニティ 液状化する社会』森田典正訳、大月書店）。
Beck, Ulrich (1986), *Risikogesellschaft: Auf dem Weg in eine andere Moderne*, Suhrkamp.（＝1998、『危険社会 新しい近代への道』東廉・伊藤美登里訳、法政大学出版局）。
Becker, Howard S. (1973), *Outsiders: Studies in the Sociology of Deviance*, The Free Press.
Connell, Robert William (1995), *Masculinities*, University of California Press.
Hochschild, Arlie Russell (1989), *The Second Shift: Working Parents and the Revolution at Home*, Viking Penguin.（＝1990、『セカンド・シフト 第二の勤務 アメリカ 共働き革命のいま』田中和子

訳、朝日新聞社)。
Hochschild, Arlie Russell (1997), *The Time Bind: When Work Becomes Home and Home Becomes Work*, Henry Holt and Company.
Holloway, Susan D. (2010), *Women and Family in Contemporary Japan*, Cambridge university Press. (＝２０１４、『少子化時代の「良妻賢母」変容する現代日本の女性と家族』高橋登・清水民子・瓜生淑子訳、新曜社)。
Maslow, Abraham H. (1970), *Motivation and Personality*, 2nd ed., Harper & Row. (＝１９８７、『改訂新版 人間性の心理学』小口忠彦訳、産業能率大学出版部)。

ちくま新書
1419

夫婦《ふうふ》幻想《げんそう》
——子《こ》あり、子《こ》なし、子《こ》の成長後《せいちょうご》

二〇一九年七月一〇日 第一刷発行

著者 奥田祥子（おくだ・しょうこ）
発行者 喜入冬子
発行所 株式会社 筑摩書房
東京都台東区蔵前二―五―三 郵便番号一一一―八七五五
電話番号〇三―五六八七―二六〇一（代表）
装幀者 間村俊一
印刷・製本 三松堂印刷 株式会社

ISBN978-4-480-07238-2 C0236

ちくま新書

1029
ルポ 虐待
――大阪二児置き去り死事件
杉山春
なぜ二人の幼児は餓死しなければならなかったのか？現代の奈落に落ちた母子の人生を追い、女性の貧困を問うルポルタージュ。信田さよ子氏、國分功一郎氏推薦。

883
ルポ 若者ホームレス
飯島裕子
ビッグイシュー基金
近年、貧困が若者を襲い、20～30代のホームレスが激増している。彼らはなぜ路上暮らしへ追い込まれたのか。貧困が再生産される社会構造をあぶりだすルポ。

897
ルポ 餓死現場で生きる
石井光太
飢餓で苦しむ10億人。実際、彼らはどのように暮らし、生き延びているのだろうか？ 売春、児童結婚、HIV、子供兵など、美談では語られない真相に迫る。

955
ルポ 賃金差別
竹信三恵子
パート、嘱託、派遣、契約、正規……。同じ仕事内容でも、賃金に差が生じるのはなぜか？ 非正規雇用という現代の「身分制」をえぐる、衝撃のノンフィクション！

1072
ルポ 高齢者ケア
――都市の戦略、地方の再生
佐藤幹夫
独居高齢者や生活困窮者が増加する「都市」、人口減や市街地の限界集落化が進む「地方」。正念場を迎えた「高齢者ケア」について、先進的事例を取材して考える。

1020
生活保護
――知られざる恐怖の現場
今野晴貴
高まる生活保護バッシング。その現場では、いったい何が起きているのか。自殺、餓死、孤立死……。追いつめられ、命までも奪われる「恐怖の現場」の真相に迫る。

1108
老人喰い
――高齢者を狙う詐欺の正体
鈴木大介
オレオレ詐欺、騙り調査、やられ名簿……。平均貯蓄額2000万円の高齢者を狙った、「老人喰い＝特殊詐欺犯罪」の知られざる正体に迫る！

ちくま新書

1110 若者はなぜ「決めつける」のか
——壊れゆく社会を生き抜く思考
長山靖生
すぐに決断し、行動することが求められる現在。まともな仕事がなく、「自己責任」と追い詰められ、若者が「決めつけ」に走る理不尽な時代の背景を探る。

1226 「母と子」という病
高橋和巳
人間に最も大きな心理的影響を及ぼす存在は「母」であり、誰もが逃れられない。母を三つのタイプに分け、それぞれの子との愛着関係と、そこに潜む病を分析する。

1041 子どもが伸びる ほめる子育て
——データと実例が教えるツボ
太田肇
「ほめて育てる」のは意外と難しい。間違えると逆効果。どうしたら力を伸ばせるのか？　データと実例で「ほめ方」を解説し、無気力な子供を変える育て方を伝授！

1180 家庭という学校
外山滋比古
親こそ最高の教師である。子供が誰でも持つ天才的能力をつなぎとめるには、親が家庭で上手に教育するしかない。誇りを持って、愛情をこめて子を導く教育術の真髄。

1085 子育ての哲学
——主体的に生きる力を育む
山竹伸二
子どもに生きる力を身につけさせるにはどうすればよいか。「自由」と「主体性」を哲学的に考察し、よい子育てとは何か、子どもの真の幸せとは何かを問いなおす。

1235 これが答えだ！　少子化問題
赤川学
長年にわたり巨額の税金を投入しても一向に改善しない少子化問題。一体それはなぜか。少子化対策をめぐるパラドクスを明らかにし、この問題に決着をつける！

1288 これからの日本、これからの教育
前川喜平
寺脇研
二人の元文部官僚が「加計学園」問題を再検証し、生涯学習やゆとり教育、高校無償化、夜間中学など一連の改革をめぐってとことん語り合う、希望の書！

817
教育の職業的意義
――若者、学校、社会をつなぐ
本田由紀
このままでは、教育も仕事も、若者たちにとって壮大な詐欺でしかない。教育と社会との壊れた連環を修復し、日本社会の再編を考える。

1212
高大接続改革
――変わる入試と教育システム
山内太地
本間正人
2020年度から大学入試が激変する。アクティブラーニング（AL）を前提とした高大接続の一環。では、ALとは何か、私たち親や教師はどう対応したらよいか？

1339
オカルト化する日本の教育
――江戸しぐさと親学にひそむナショナリズム
原田実
偽史・疑似科学にもとづく教育論が、教育行政に影響を与えている。欺瞞に満ちた教えはなぜ蔓延したのか。嘘がばれているのに、まかり通る背景には何があるのか。

1354
国語教育の危機
――大学入学共通テストと新学習指導要領
紅野謙介
二〇二一年より導入される大学入学共通テスト。高校国語教科書の編集に携わってきた著者が、そのプレテスト問題を分析し、看過できない内容にメスを入れる。

1302
働く女子のキャリア格差
国保祥子
脱マミートラック！　産み、働き、活躍するために必要な職場・個人双方の働き方改革を具体的に提案。育休取得者四〇〇〇人が生まれ変わった思考転換メソッドとは？

1114
これだけは知っておきたい　働き方の教科書
安藤至大
いま働き方の仕組みはどうなっているか？　これからどう変わり、どう備えるべきなのか？　法律と労働経済学の見地から、働くことにまつわる根本的な疑問を解く。

1304
ひとり空間の都市論
南後由和
同調圧力が高い日本の、おひとりさま。だが都市生活では、ひとりこそが正常だったはずだ。つながりやコミュニティへ世論が傾く今、ひとり空間の可能性を問い直す。

ちくま新書

1090
反福祉論
――新時代のセーフティーネットを求めて
金菱清
大澤史伸
福祉に頼らずに生き生きと暮らす、生活困窮者やホームレス。制度に代わる保障を発達させてきた彼らの生活実践に学び、福祉の限界を超える新しい社会を構想する。

1103
反〈絆〉論
中島義道
東日本大震災後、列島中がなびいた〈絆〉という価値観。だがそこには暴力が潜んでいる？ 〈絆〉からの自由は認められないのか。哲学にしかできない領域で考える。

132
ケアを問いなおす
――〈深層の時間〉と高齢化社会
広井良典
高齢化社会において、老いの時間を積極的に意味づけてゆくケアの視点とは？ 医療経済学、医療保険制度、政策論、科学哲学の観点からケアのあり方を問いなおす。

937
階級都市
――格差が街を侵食する
橋本健二
街には格差があふれている。古くは「山の手」「下町」と身分によって分断されていたが、現在もその構図は変わっていない。宿命づけられた階級都市のリアルに迫る。

1374
東京格差
――浮かぶ街・沈む街
中川寛子
「閑静な住宅街」「職住分離」「住みよい街」という発想はもはや時代遅れ。二極化する東京で、生きのこる街の条件は何か？ 豊富な事例も交えつつ具体策を探る。

1153
解決！ 空き家問題
中川寛子
過剰な住宅供給のツケで、いま顕在化する空き家問題。活用を阻む4要因と、打開策とは？ 柔軟な発想で負の財産をお宝に転換。豊富な事例から活路を見いだす！

1209
ホスピスからの贈り物
――イタリア発、アートとケアの物語
横川善正
もてなしのアートに満ちあふれているイタリアのホスピス。その美的精神と、ケアの思想を深く掘り下げて紹介。死へと寄り添う終末期ケアが向かうべき姿を描き出す。